AF277651

Introducción a la China actual

Mario Esteban Rodríguez
Rafael Martín Rodríguez

Introducción
a la China actual

Alianza editorial
El libro de bolsillo

Primera edición: 2024
Primera reimpresión: agosto 2025

Diseño de colección: Estrada Design
Diseño de cubierta: Manuel Estrada
Ilustración de cubierta: Trabajadores limpiando manchas de pintura del retrato de Mao
Zedong. Plaza de Tiannamén, Pekín 2014
© Alamy / Cordon Press
Selección de imagen: Carlos Caranci Sáez

© Mario Esteban Rodríguez y Rafael Martín Rodríguez, 2024
© Alianza Editorial, S. A., Madrid, 2024, 2025
    Calle Valentín Beato, 21
    28037 Madrid
    www.alianzaeditorial.es

PAPEL DE FIBRA
CERTIFICADA

ISBN: 978-84-1148-744-3
Depósito legal: M. 11.581-2024
Printed in Spain

Índice

*A todos los amigos, colegas, empresarios,
estudiantes y funcionarios chinos
que han tenido la generosidad de compartir
su tiempo con nosotros para ayudarnos
a comprender mejor su país.*

Introducción

Este libro pretende aproximar de forma rigurosa, amena y concisa un país enormemente complejo a quienes tengan la inquietud de conocerlo mejor, ya sea porque les mueve un interés específico sobre China o porque quieren entender cómo este actor global incide en sus vidas. Y es que China es tan relevante hoy en día que es imposible comprender nuestro tiempo sin manejar algunas claves de este país, como su impacto sobre las grandes tendencias macroeconómicas, el cambio climático o la geopolítica mundial. Aunque no es una obra pensada para especialistas, estoy convencido de que los expertos que lo lean encontrarán ideas sugerentes con las que dialogar.

En los más de veinticinco años que llevo investigando sobre China y en los veinte que llevo intentando explicar este país a mis estudiantes de la Universidad Autónoma de Madrid, me he encontrado con tres dificultades que me animaron a escribir este libro: estereotipación, politización y cambio vertiginoso.

Todo el mundo tiene una imagen de China. Paradójicamente, esto suele ser un problema, porque habitualmente son imágenes estereotipadas e hiperbólicas, alejadas de la realidad del país. China ha sido representada durante siglos en Occidente mediante narrativas unidimensionales, a las que estamos expuestos cotidianamente, ya sea para mitificarla o demonizarla. El origen de la fascinación occidental por China puede situarse en la publicación de *Los viajes de Marco Polo*, a caballo entre los siglos XIII y XIV, que subrayaban la mayor sofisticación de la civilización china. Esta admiración por las diferencias culturales y las enormes dimensiones de China comenzó a tornarse en temor y rechazo a partir del siglo XIX, en un contexto de creciente competencia económica y geopolítica, reflejados en el término racista «el peligro amarillo».

Esta politización de las narrativas sobre China, que también distorsiona y polariza las narrativas que recibimos sobre este país, se ha intensificado de nuevo en los últimos años. Por un lado, la diplomacia pública china dispone de una enorme cantidad de canales y recursos para proyectar internacionalmente la imagen de su país que consideran más adecuada para sus intereses nacionales. Valgan de ejemplo los medios de comunicación estatales chinos que emiten y publican en lenguas extranjeras, y los acuerdos que mantienen con medios de otros muchos países. Por otro lado, a medida que crece el impacto de China sobre el bienestar y la seguridad de las personas que viven fuera de sus fronteras, más condiciona dicho impacto la forma en que interpretamos a este país. En este sentido, no resulta casual que los mensajes que nos llegan sobre China desde países con los que mantiene una mayor competencia geopolítica y económica tiendan a ser más negativos que los que nos llegan de países con los que mantiene una colaboración más estrecha.

Por tanto, el gran reto de este libro es introducir al lector a una realidad mucho más compleja y matizada de lo que sugieren estas imágenes planas y polarizadas de China. Para ello, se han analizado numerosas fuentes primarias y secundarias, que recogen datos y teorías fundamentales para el estudio de la China actual. En este proceso de análisis es donde se evidencia la tercera gran dificultad que afrontamos al intentar explicar China: su dinamismo. No hay país que cambie más rápido, de ahí que sea imprescindible estar en contacto regular con China para mantenerle el pulso.

Dado que este libro se ha escrito en un contexto en el que la política de covid cero aplicada por las autoridades chinas restringía sustancialmente los vínculos con el exterior, se hizo necesario buscar un coautor que estuviera en China. Ahí fue cuando Rafael Martín Rodríguez, que vivía desde 2011 en Shanghái y era profesor en la prestigiosa Universidad de Fudan desde enero de 2017, se incorporó al proyecto.

Rafael y yo hemos contraído una enorme deuda a lo largo de los años con innumerables personas que, dentro y fuera de China, han contribuido a nuestra comprensión y vivencia de este país. Sería de justicia reconocerlos a todos, pero, como hemos prometido un libro conciso, vamos a limitarnos a mencionar a quienes han colaborado a mejorarlo enviando comentarios a versiones preliminares del mismo: Albert Boada, Rafael Cascales, Taciana Fisac, Andreas Janousch, Yue Lin, Blanca Marabini San Martín y Gladys Nieto.

Madrid, 30 de septiembre de 2023.

1. El peso de la historia

Los espectaculares cambios experimentados por China en las últimas décadas y el intenso debate sobre su papel en el devenir de la humanidad podrían llevarnos a obviar la importancia de su pasado. La arquitectura vanguardista que adorna sus principales ciudades, el espectacular salto tecnológico de su sector productivo, la confianza con la que muchos chinos encaran el futuro, todo ello podría tentarnos a minusvalorar su larga historia como algo irrelevante y exótico. Esto sería un grave error. Entre otras cosas, porque hay claves históricas que son fundamentales para entender la China actual: su política exterior; su interacción con sus vecinos y el resto de la comunidad internacional; las relaciones entre el Partido y la sociedad; la prevalencia de valores tradicionales, pero seculares, entre su opinión pública, o el enorme énfasis que ponen los chinos en la seguridad económica y física frente a las libertades civiles, los derechos políticos y la afirmación de su propia individualidad. Es

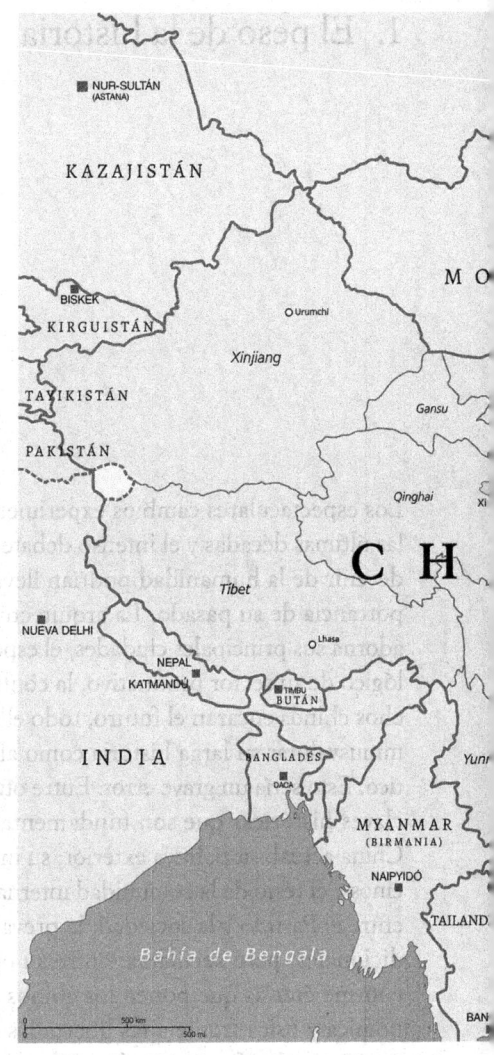

República Popular China. Divisiones administrativas

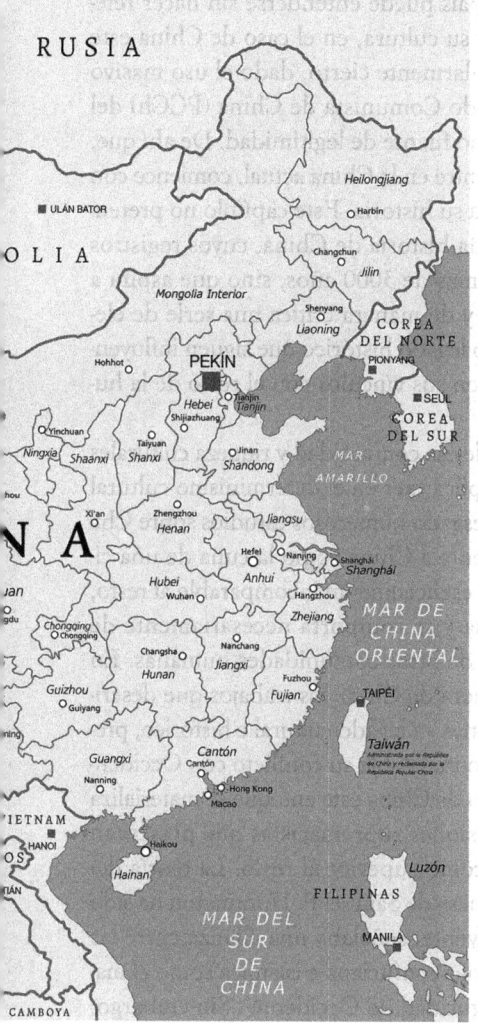

más, aunque ningún país puede entenderse sin hacer referencias a su historia y su cultura, en el caso de China este
axioma resulta particularmente cierto, dado el uso masivo
que ha hecho el Partido Comunista de China (PCCh) del
discurso histórico como fuente de legitimidad. De ahí que,
aunque este libro se centre en la China actual, comience con
un capítulo dedicado a su historia. Este capítulo no pretende sintetizar la dilatada historia de China, cuyos registros
escritos se remontan más de 3000 años, sino que aspira a
exponer con claridad y de manera crítica una serie de elementos de ese fecundo legado histórico que siguen influyen-
do hoy en este país y en sus vínculos con el resto de la humanidad.

El reconocimiento de esa continuidad y riqueza culturales
extraordinarias no implica caer en el determinismo cultural
y orientalista que ha sesgado numerosos estudios sobre China. Ese enfoque presenta a China como la cuna de una civilización inmutable y esencialmente incomparable al resto,
cuya población piensa y se comporta necesariamente de
manera diferente a la de otras comunidades humanas. En
esta línea, abundan fuera de China los trabajos que descri-
ben de manera despectiva su legado cultural e histórico, pre-
sentando incluso como inevitable su conflicto con Occidente, mientras que dentro de China este enfoque se materializa
frecuentemente en visiones supremacistas que presentan
la civilización china como superior al resto. La teoría del
«choque de civilizaciones» de Samuel P. Huntington ha sido
particularmente influyente: señalaba una alianza entre las
civilizaciones autoritarias confuciana e islámica como el mayor desafío para la seguridad de Occidente[1]. Sin embargo,
hay sociedades confucianas que se han democratizado has-

ta el punto de que tres de las veintiuna democracias plenas que identifica en todo el mundo la edición de 2022 del Índice de Democracia elaborado por *The Economist* son sociedades confucianas: Corea del Sur, Japón y Taiwán[2]. Al igual que otros países, China ni está libre de su historia ni está condenada a repetirla.

El legado sociopolítico de la China imperial

La era de las Cien Escuelas de Pensamiento, que comprende los periodos de Primaveras y Otoños (aproximadamente del 771 al 475 antes de nuestra era) y de los Reinos Combatientes (aproximadamente del 475 al 221 antes de nuestra era), fue la época de mayor esplendor intelectual y filosófico de la historia de China. De ahí que sea identificada como la edad de oro de la filosofía china. En un contexto de continuos conflictos armados y gran fragmentación política, aparecieron numerosos eruditos que recorrían China difundiendo sus enseñanzas y ofreciendo sus servicios a quienes pudieran costearlos. El padre de la historiografía china, Sima Qian, identificó entre ellos seis escuelas de pensamiento principales: confucianismo, legismo, taoísmo, moísmo, la escuela del Yin-yang, y la escuela de los nombres. Las ideas presentadas por estas corrientes de pensamiento han tenido un enorme impacto sobre los intelectuales chinos posteriores y sobre la evolución posterior de China en todos los ámbitos. A pesar del intenso debate académico en el que se enzarzaron representantes de las diferentes escuelas, lo cierto es que la preminencia de la que acabaron gozando el confucianismo y el legismo durante la China imperial se debió más a cuestiones políticas que filosóficas.

Durante los más de 2000 años que van desde el inicio de la dinastía Qin (221 a.n.e) al final de la Qing (1912), la corte imperial intentó influir en el pensamiento de las élites y del conjunto de la población de China para legitimarse y consolidar así su poder. En estos casi dos milenios de tradición imperial, el confucianismo y el legismo fueron las corrientes de pensamiento a las que más recurrieron, lo que no es de extrañar dado que ambas reflexionaron sobre cuál era la mejor manera de gobernar un Estado. Lo que sí es más llamativo es que, a pesar de ser escuelas enfrentadas en su origen que defendían principios claramente contrapuestos, élites imperiales posteriores conformaron una ideología oficial imperial que sintetizó elementos de ambas escuelas y que fue hegemónica durante dos milenos.

El legismo era materialista y utilitarista. Su objetivo era conseguir un gobierno estable y, para ello, abogaba por la concentración del poder. Como entendían que el ser humano es incorregiblemente egoísta, afirmaban que la mejor forma de lograrlo era mediante la fuerza de las armas frente a otros reinos y, en el ámbito doméstico, estableciendo un sistema de premios y castigos que orientase el comportamiento de súbditos de acuerdo con los intereses del gobernante. Por el contrario, el confucianismo era idealista y consideraba que la autoridad del gobernante debía fundamentarse en su comportamiento virtuoso. Mostrando una calidad moral superior, el gobernante se ganaba el respeto y la obediencia de otras autoridades políticas y de la población. Es más, incluso podía servirles de ejemplo para que mejorasen su comportamiento.

El primer emperador de una China unificada, Qin Shi Huang (259-210 a.n.e), abrazó el pensamiento legista e impuso un sistema autocrático y homogeneizador, reprimiendo duramente cualquier tipo de disidencia. Esta estrategia le permitió avanzar rápidamente en la formación de un imperio, pero se mostró insostenible tras su muerte, cuando las luchas intestinas dentro de la corte y múltiples revueltas populares llevaron al rápido colapso de la dinastía Qin. Los emperadores de la dinastía siguiente, la dinastía Han, entendieron la conveniencia de combinar los instrumentos materiales propios del legismo con elementos ideológicos que contribuyeran a legitimar su mandato autocrático. De ahí que el emperador Han Wu Di declarase el confucianismo como la ideología oficial del imperio. Esto no implicaba necesariamente un seguimiento estricto de las ideas propuestas por Confucio y sus discípulos directos cuatro siglos antes, sino el refrendo institucional de los planteamientos de varios pensadores confucianos coetáneos de los emperadores Han, y que estos estimaron útiles para consolidarse en el poder. Estos intelectuales consiguieron imponer el confucianismo como única escuela de pensamiento válida para la formación de los funcionarios y establecieron un sistema de ritos que conferían al emperador, el «Hijo del Cielo», un papel semidivino como único mediador entre la deidad suprema y la humanidad.

La influencia ideológica del confucianismo quedó reforzada a partir del establecimiento del sistema de exámenes imperiales en el año 606, de cuyo temario era una parte esencial. Dado que, a partir del siglo X con la dinastía Song (960-1279), estas oposiciones se convirtieron en la única vía para formar parte del mandarinato, y puesto que conseguir un alto cargo de la administración era la máxima aspiración social de la población china, esto supuso que todas las élites chinas estudiaran el confucianismo hasta la abolición de este sistema de exámenes en 1905. En la China imperial el estatus de élite social dependía de estar inscrito para prepararse los exámenes imperiales. De lo contrario, uno era simplemente rico o, peor aún, un mercader.

Durante la dinastía Ming (1368-1644) se incorpora como proyecto estatal la reforma neoconfuciana que interpretaba el confucianismo como una ideología para transformar la sociedad en su conjunto. De ahí que la burocracia china pasase a encargarse no solo de gestionar y administrar el imperio, sino también de asegurar el respeto y la difusión de los preceptos confucianos, que consideraban imprescindibles para mantener la estabilidad social. De ahí que los magistrados diesen periódicamente conferencias a la población sobre los principios morales del confucianismo.

Al igual que sucedía con otros órdenes políticos premodernos, en China no se establecía una clara distinción entre lo político como algo público y la moral como algo privado. Siendo el confucianismo una ideología de carácter holístico que definía los pilares fundamentales de la organización social, esto también derivó en una enorme influencia del confucianismo sobre el pensamiento y el comportamiento de la población china durante siglos. Es más, en China sigue sin haber arraigado una distinción clara entre la esfera pública y privada, y sigue siendo frecuente la intromisión del Estado en el ámbito privado. Así lo evidencian las restricciones aprobadas en los últimos años al tiempo que pueden emplear los menores chinos para jugar a videojuegos o conectados a internet. La longevidad del confucianismo como ideología oficial del imperio es sorprendente si tenemos en cuenta los múltiples debates ideológicos y vaivenes políticos experimentados por China en aquel periodo, incluyendo su conquista en dos ocasiones por potencias extranjeras. La resiliencia de la hegemonía ideológica del confucianismo, combinada con algunos elementos del legismo, se debe a la innegable utilidad de varios de sus principios esenciales para legitimar un régimen político autocrático.

El confucianismo ofrece una imagen benigna del poder político. El emperador, como Hijo del Cielo, está dotado de una sabiduría y una moralidad sobrehumanas que lo legitiman para ser la máxima autoridad política en la tierra. El hecho de que su autoridad no tenga parangón garantiza teóricamente la paz y la armonía dentro y fuera del imperio al no haber polos de poder alternativos que puedan aspirar a su posición. Además, ese carácter virtuoso, justo y benevolente, permite que la concentración de poder no se conciba como un riesgo que puede degenerar en comportamientos tiránicos o deshonestos que vulneren los intereses de la población, sino en una mayor capacidad para desarrollar su labor de gobierno, orientada a mejorar el bienestar y la calidad humana de sus súbditos. Desde esta perspectiva, Confucio abogaba por el gobierno de las personas frente al gobierno de la ley, pues entendía que si las personas seguían en su comportamiento el ejemplo del emperador virtuoso, también serían bondadosas, mientras que si solo acataban la ley por temor al castigo, perderían la capacidad de distinguir lo moral de lo inmoral. Sin embargo, las élites políticas imperiales no siguieron este principio y adoptaron la visión legista de desarrollar el derecho como un instrumento de control social al servicio del emperador.

Además, el confucianismo presenta una imagen jerárquica de la sociedad y la política, asumiendo que en ambas esferas los individuos ni son iguales ni deben serlo. El confucianismo fundamenta el orden social en el mantenimiento de una serie de relaciones jerárquicas en las que cada individuo debe ajustarse al papel que le corresponde en función de su posición social. Las principales relaciones sociales son gobernante-gobernado, progenitor-descendiente, hombre-mujer, hermano mayor-hermano menor y la relación entre amigos. Entre estas cinco relaciones, la única que no es jerárquica es la que se establece entre amigos. En las otras cuatro, la primera de las partes ejerce autoridad y ofrece asistencia, mientras que la parte subordinada le debe respeto y obediencia a la primera. De ahí que, aunque las acciones del emperador solo están restringidas por su obligación moral, la subordinación de los súbditos al emperador también puede hacerse valer apelando a los mecanismos de coerción del Estado. Desde esta perspectiva, el ideal de buen gobierno confuciano es un gobierno paternalista, que garantiza la seguridad y subsistencia de su población, pero que no lo empodera para participar en el proceso de toma de decisiones, al considerar que no puede aportar nada que no haya contemplado ya la bondad y la sabiduría del gobernante. En este orden tampoco hay lugar para los intelectuales críticos. El papel de los intelectuales y de la burocracia es meramente instrumental, aconsejando al emperador y materializando sus designios.

En este sentido, el confucianismo también favorece el colectivismo frente al individualismo y sostiene que los intereses individuales deben subordinarse a la colectividad, representada por el gobernante y el Estado. Desde esta óptica, el individuo debe, ante todo, atender a las obligaciones asociadas con los roles que le corresponden según el lugar que ocupa socialmente, por lo que se rechaza la formación de grupos de interés que pudieran erosionar el interés colectivo. De esta manera se proporciona una fachada retórica para justificar una política autoritaria en nombre de la armonía, independientemente del contenido sustantivo de la misma. Es remarcable que este mensaje parezca seguir vigente en China. Así parecen indicarlo los datos de la edición séptima oleada (2017-2022) del *World Values Survey*, donde este país es el segundo con un mayor porcentaje de población, 92,7 %, que antepuso la seguridad a la libertad[3].

Otros rasgos de la cultura tradicional china que siguen siendo muy influyentes en la actualidad son la enorme importancia que se le confiere a la familia y a la educación. La piedad filial, que es la virtud de respetar a tus mayores, es un concepto central dentro del confucianismo. La familia actúa como una red de protección social fundamental en China y los vínculos familiares tienen un enorme peso en la toma de decisiones de la población de este país. Esto también tiene ramificaciones negativas para la gobernanza al favorecer el nepotismo y la corrupción. Por el contrario, la relevancia que tiene la educación en China —y vinculada a ella, la meritocracia— es un elemento que favorece tanto el desarrollo económico de este país en perspectiva comparada, como el ascenso social de la población china y de origen chino dentro y fuera de sus fronteras. Esto se refleja en el alto gasto en educación de las familias chinas con hijos, particularmente si se encuentran entre los 16 y los 25 años, que en muchos casos es la partida de gasto más alta de la unidad familiar. Es más, algunos autores como Daniel Bell en su

The China Model argumentan que este énfasis en la merito-cracia debería ser incorporado en las democracias liberales para resolver algunos problemas, como el populismo, deriva-dos de escoger a los líderes políticos mediante elecciones[4].

Aunque el confucianismo siga siendo relevante en China, su influencia es muchísimo menor de lo que fue durante el periodo imperial, cuando era la ideología hegemónica. A raíz del colapso del sistema imperial, el confucianismo fue severamente criticado por numerosos intelectuales chinos, que comenzaron a verlo como un lastre para la moderniza-ción de su país por su desdén hacia el crecimiento econó-mico y la innovación científica y tecnológica. Esta visión fue también imperante en el PCCh hasta el final del maoísmo. Sin embargo, la hostilidad hacia el confucianismo se fue re-lajando durante el periodo reformista y se comenzó a pro-mover desde las instituciones a partir de la década de 1990. Algunos ejemplos muy visibles de este cambio son el nom-bre con el que las autoridades chinas bautizaron en 2004 la institución que crearon para promover internacionalmente la lengua y la cultura chinas: el Instituto Confucio, así como la estatua de 8 metros de altura que erigieron de este pen-sador en 2011 en la plaza de Tiananmen.

Esta recuperación del confucianismo por parte del Parti-do no fue ni mucho menos neutral ideológicamente. Las autoridades chinas difundieron una redefinición interesada de la tradición confuciana motivada por tres factores, que siguen siendo relevantes, y, por tanto, hacen prever que esta tendencia continuará en el futuro próximo. En primer lugar, el cuestionamiento doméstico y mundial del comunismo que caracterizó el final de la Guerra Fría y que forzó al Par-tido a buscar ideologías alternativas para legitimar su monopolio sobre el poder político. La recuperación del ideario autocrático de la China imperial, y de una figura tan vinculada a la cultura china como Confucio, era fácilmente instrumentalizable por un régimen paternalista cuyo discurso nacionalista descalificaba la democracia liberal como una expresión del imperialismo occidental.

En segundo lugar, el énfasis confuciano en la estabilidad social y la moralidad, recogido en campañas como la Construcción de una Civilización Espiritual Socialista o el concepto de «sociedad armoniosa», que podía servir para paliar los excesos de una sociedad tremendamente materialista que se estaba desestructurando. Así parecían evidenciarlo múltiples indicadores, como el vertiginoso aumento de la desigualdad y la criminalidad. El coeficiente de Gini chino subió del 0,3 en 1988 al 0,43 en 2007 y se quintuplicó entre 1981 y 2012.

En tercer lugar, gracias a los valores pacifistas defendidos por la tradición confuciana, la recuperación de la figura de Confucio fue instrumentalizada por la diplomacia pública china para proyectar una imagen benigna de este país en un contexto de creciente percepción internacional de la amenaza que podía suponer la reemergencia de China para otros países.

En este marco las autoridades justifican la limitación de ciertas libertades y derechos para sostener un orden social armónico, pues la libertad individual completa se traduce en violencia social. Esto puede observarse en múltiples ámbitos. Respecto a los medios de comunicación, se asegura que la libertad de prensa está reconocida en la Constitución, pero está limitada para garantizar la responsabilidad social de los medios a favor de la estabilidad social. Otro ejemplo evidente de limitación de libertades para promover la seguridad y la estabilidad del país es la restrictiva política anticovid-19 del Gobierno chino, que ha gozado de altos niveles de aceptación en China, y que habría generado un enorme rechazo en las sociedades occidentales.

El sistema sinocéntrico

La forma en que la China imperial se relacionó con otras entidades políticas influye sobre su política exterior al condicionar el pensamiento estratégico chino, el modo en que los chinos se perciben en el mundo y la imagen que tiene China en otros países, especialmente entre algunos de sus vecinos.

El nombre de China en chino, 中国 (*Zhōngguó*), literalmente significa 'el país del centro'. Aunque a lo largo de la historia ha habido varios pueblos que se han concebido a sí mismos como la entidad política central del mundo, los chinos son los únicos que han incorporado esa idea en su nombre. Además, lo han hecho de forma relativamente reciente, tras la proclamación de la República de China en 1911, siendo plenamente conscientes de la existencia de otras civilizaciones y potencias extranjeras. Paradójicamente, este nombre reflejaba la idea de centralidad civilizatoria y política que durante siglos encarnó un sistema imperial que se estaba derrumbando (Puyi, el último emperador, abdicó el 12 de febrero de 1912). Como otras grandes civilizaciones, la china se veía a sí misma como la más evolucionada, incluso como la única digna de recibir tal denominación. Desde esa perspectiva, las diferentes dinastías que se sucedieron en China durante unos 2100 años aspiraron a establecer en

Asia oriental un sistema de relaciones internacionales sino-céntrico en el que disfrutaban de una posición hegemónica e identificaban al emperador como la máxima autoridad política a la que el resto debía rendir pleitesía.

Resulta llamativa la dilatadísima continuidad de este objetivo, a pesar de los múltiples cambios experimentados por China a lo largo de los siglos, sustentado sobre una sólida autopercepción de supremacía cultural. Aunque la civilización china se proyectó más allá de los límites del Estado imperial y fue adoptada hasta cierto punto por pueblos vecinos como el coreano y el japonés, la materialización política de este ideal hegemónico dependía fundamentalmente del equilibrio de fuerzas que se establecía en cada momento entre el imperio chino y sus vecinos, siendo favorable al primero durante diferentes periodos, cuya duración total es de unos 1300 años. Esta visión jerárquica del orden internacional, en cierto sentido, intenta trasponer el modelo de organización social confuciano fuera de las fronteras de China. Al igual que en una sociedad confuciana los individuos tienen diferentes derechos y obligaciones en función del lugar que ocupan dentro de ella, en el orden internacional confuciano no todas las autoridades políticas tienen el mismo estatus y los mismos deberes. El emperador era concebido como la máxima autoridad política en la tierra e, idealmente, se esperaba que los líderes extranjeros lo reverenciasen al reconocer su sabiduría y su bondad superiores y, en definitiva, su naturaleza sobrehumana.

Este sistema internacional jerárquico y sinocéntrico se intentó institucionalizar durante la dilatada historia dinástica china a través del sistema tributario, mediante el cual la dinastía china se aseguraba la lealtad de otros territorios a cambio de una serie de contrapartidas. Los beneficios derivados de esta situación para los gobiernos tributarios eran, sobre todo, de seguridad y de comercio, lo que frecuentemente reforzaba el propio poder local de estos gobernantes. Mediante la aceptación del vasallaje, el Estado tributario se aseguraba el apoyo militar chino en caso de necesidad, a veces incluso frente a revueltas internas, al tiempo que recibía licencias para comerciar, que podían repercutir en lucrativos negocios dado el enorme valor que se confería internacionalmente a la seda, la porcelana y el té producidos en China. Para el emperador chino, este sistema le garantizaba disponer de Estados tapón entre su centro vital y aquellos territorios más alejados que no reconocieran su autoridad. Debemos tener en cuenta que China, con su enorme extensión, su heterogénea formación y sus múltiples contactos con pueblos que no se integraban dentro del imperio, ha sentido históricamente como fuente de peligro y de inseguridad los problemas derivados de sus características geográficas. El mayor temor de los emperadores chinos era perder el control del imperio, por lo que ejercer un sistema que sirviera a la corte como centro del mundo conocido, cultivando vasallajes y fidelidades más o menos interesadas o convencidas, resultó esencial para intentar mantener sus vastos territorios. Además, la pleitesía que le rendían las autoridades extranjeras ayudaba a consolidar su estatus doméstico, reforzando su imagen como una autoridad política sobrehumana.

En todo caso, no debemos concebir la historia del sistema sinocéntrico hasta su desplome en la segunda mitad del siglo XIX de una forma lineal. En la larga historia de la China imperial, las dependencias y alianzas fueron variando. Así encontramos territorios como Japón, Corea, el Reino de Ryūkyū y Vietnam, que recibieron una fuerte influencia cultural china, y fueron considerados durante largos periodos territorios vasallos del emperador chino. Esto es lo que Joshua Fogel denominó «la sinoesfera», que contrasta con otros momentos en los que diferentes dinastías chinas tuvieron que pagar tributo a otras potencias, como la dinastía Tang a mediados del siglo VIII al kanato uigur, los Song al Imperio kitán en el siglo XI, o los Ming a diferentes kanatos mongoles. Lo interesante de esto reside en que, en esos momentos de crisis, la concepción de la cultura china como superior a la de estos Estados no decae ni interna ni externamente, hasta el punto de que esta cultura confuciana es asimilada por pueblos que derrotan a dinastías de origen han y establecen sus propias dinastías como epicentro del sistema sinocéntrico.

Asimismo, durante la dinastía Ming (1368-1644), momento de auge de este sistema tributario, la presión de funcionarios de origen social mercader hizo que a partir del siglo XVI se permitiera el comercio con países que se mantuvieron fuera del mismo, como Portugal, a través de Macao. En el caso de España, la ocupación española de las Filipinas daría origen al primer comercio enteramente global de la historia, el llamado «Galeón de Manila». Estos barcos transportaban mercancías, como seda y porcelana, con las que los chinos comerciaban en Manila con españoles allí asentados y que estos mandaban después hacia América y Europa. Los barcos españoles que realizaban este tráfico, sin embargo, nunca obtuvieron permiso para abrir el comercio en los puertos continentales chinos.

Esta historia de las relaciones de la China imperial con otros pueblos es percibida hoy en día de manera muy diferente dentro y fuera de China. Mientras que en China tiende a darse una versión pacifista y autocomplaciente, en la que la China imperial aparece como un agente civilizador y promotor de la estabilidad y el desarrollo, entre sus vecinos se hace una lectura más crítica de este pasado compartido. En Vietnam, por ejemplo, se percibe con resentimiento el control que a lo largo de un milenio (111 a.n.e–938) ejercieron diversas dinastías chinas sobre territorios que componen el actual Vietnam.

La propaganda y el sistema educativo chinos omiten las referencias más violentas de la expansión imperial china a lo largo de su dilatada historia. El propio presidente Xi Jinping ha afirmado que

China fue durante mucho tiempo uno de los países más poderosos del mundo. Sin embargo, nunca se involucró en el colonialismo o la agresión. La búsqueda del desarrollo pacífico representa la tradición cultural amante de la paz de la nación china durante los últimos miles de años, una tradición que hemos heredado y continuado[5].

Además de intentar reducir el temor exterior a China, esta versión simplista de la historia trata de consolidar una identidad nacional multiétnica que abarque no solo a la etnia han dominante, sino también a las múltiples etnias que hoy habitan en la República Popular China (RPCh), algunas de las cuales, como mongoles, tai, tibetanos o uigures, podrían recurrir a lecturas alternativas de la historia para sustentar posibles demandas de emancipación. Este discurso oficial de las autoridades chinas obvia múltiples y complicadas circunstancias históricas.

La expansión imperial china no es excepcional. Al igual que el resto de los imperios, diferentes dinastías chinas recurrieron a la fuerza para desarrollarse desde las llanuras aluviales de los ríos Amarillo y Azul, cuna de la civilización que dio nombre al grupo étnico mayoritario de China, los han. No cabe duda del atractivo que ejerció la civilización china sobre sus vecinos y su poder de asimilación, pero diferentes emperadores chinos también recurrieron a la fuerza de las armas para expandir sus dominios. Incluso encontramos casos de violencia extrema, como el genocidio de los zúngaros, un pueblo mongol que fue exterminado en su territorio por el emperador Qianlong a mediados del siglo XVIII. Otros enfrentamientos en la larga historia china tuvieron como protagonistas a tibetanos, vietnamitas, uigures o mongoles, lo que da una idea de que no todos los pueblos aceptaron de la misma forma la sinización.

Dicho esto, es cierto que salvo durante la dinastía Yuan (1271-1368), de origen mongol, la china imperial no se lanzó a un expansionismo global, sino que se limitó a crear un imperio contiguo terrestre. Esto se debe fundamentalmente a que no era necesario para su principal objetivo estratégico, esto es, garantizar la seguridad del corazón del imperio, ni para una economía que las autoridades consideraban que era esencialmente autosuficiente, además de que la corte china carecía de una motivación universalista, como podía ser el proselistismo religioso.

El ensimismamiento de la corte imperial dentro del sistema sinocéntrico la alejó de una realidad internacional que se estaba globalizando. Esto impidió que las élites chinas se percatasen de los trascendentales cambios que, como la revolución industrial, se estaban gestando en aquellas extrañas tierras de bárbaros que nunca habían formado parte ni de su mundo ni de sus intereses. Así se expresaba el emperador Qianlong en un mandato que envió al rey Jorge III del Reino Unido en 1793, tras recibir los regalos de amistad con los que el monarca británico quería iniciar una relación comercial con el imperio chino, pero que serían consideradas más como devotas ofrendas por el Hijo del Cielo:

> Mi capital es el eje en torno al que giran todos los asuntos del mundo [...] Nuestro Imperio Celestial posee toda clase de bienes en prolífica abundancia [...] y no tiene ninguna necesidad de importar manufacturas de bárbaros extranjeros [...] Pero como el té, la seda y la porcelana son necesidades absolutas para vosotros, hemos permitido, como un signo de gracia, que puestos de comercio exterior sean establecidos en Cantón de manera que [...] tu país pueda participar de nuestra beneficencia[6].

Esta visión distorsionada de la realidad tendría terribles consecuencias, precisamente contra la misma Gran Bretaña en la primera de las guerras del Opio de 1839. Se iniciaban así los llamados «Cien años de humillación nacional», que despertaron a China, bajo el sonido de los cañones, de su sueño imperial y la convirtieron en víctima de los designios imperialistas de otros. Aunque el sistema sinocéntrico fue sustituido a finales del siglo XIX por el sistema multiestatal de Westfalia, su influencia continúa vigente en las relaciones exteriores chinas, como referente de un pasado idealizado en el que China se desempeñaba como un hegemón regional benigno. Esta idealización del pasado tiene, en sus relaciones exteriores, su más clara ejemplificación en los tratados que China intenta impulsar en Asia bajo su égida y en el recurrente discurso de sus líderes de una China benefactora y garante de la paz y el desarrollo en la región. Este discurso choca continuamente por sus tensiones fronterizas con otros países, por ejemplo, en los mares del Sudeste Asiático. El programa de la Nueva Ruta de la Seda, más global en su alcance, parte también de este concepto de China como centro de un mundo que para las pasadas dinastías no excedía de Eurasia, pero que hoy abarca el planeta entero.

El antiimperialismo

En la ceremonia de apertura del Octavo Foro Ministerial de Cooperación entre China y África (FOCAC), el 29 de noviembre de 2021, Xi Jinping se dirigió así a los asistentes:

> Durante los últimos 65 años, China y África han forjado una fraternidad inquebrantable en nuestra lucha contra el imperialismo y el colonialismo, y se han embarcado en un camino distinto de cooperación en nuestro viaje hacia el desarrollo y la revitalización[7].

Puede resultar chocante este discurso antiimperialista en los tiempos contemporáneos proveniente precisamente de una gran potencia con un significativo legado imperial, y que ejerce una creciente influencia fuera de sus fronteras, especialmente entre sus vecinos y el continente africano. Para entenderlo, debemos remontarnos al periodo que en la historiografía de la RPCh se conoce como los «Cien años de humillación nacional», que van desde mediados del siglo XIX hasta la victoria comunista y el establecimiento de la RPCh en 1949.

La presión colonial sobre China acabó tanto con el sistema imperial como con el papel preponderante de este país en Asia oriental. Las potencias occidentales, encabezadas por Gran Bretaña, consiguieron proyectar sobre China su enorme superioridad militar a mediados del siglo XIX. Además, a diferencia de otros pueblos que habían superado militarmente a China en el pasado, las potencias coloniales se consideraban superiores culturalmente y, por tanto, no tenían ninguna intención de asimilarse a la cultura china. La dinastía Qing, por ejemplo, de origen manchú y que había conquistado el trono invadiendo las tierras de los Ming desde la estepa, había asumido como propios los principios rectores del imperio chino. Su expansión no había movido el centro de gravedad del mundo chino, asentándose ellos mismos en ese centro y dejando sus tierras originarias como una extensión del mismo, casi como si la expansión hubiera sido desde Pekín hasta las tierras bárbaras, y no a la inversa. Por el contrario, las potencias coloniales europeas forzaron a la propia dinastía Qing a aceptar el colapso de esa visión sinocéntrica, obligándola formalmente a establecer relaciones de igualdad con otros países, pero *de facto* sometiéndola a un estatus semicolonial y periférico.

La primera guerra del Opio entre China y Gran Bretaña (1839-1842) y la posterior entre China y la alianza entre Gran Bretaña y Francia (1855-1860) significaron el fin del sistema sinocéntrico y el inicio de un estatuto semicolonial coronado por la política de puertas abiertas. Sin llegar a ser nunca oficialmente una colonia, China fue obligada mediante las armas a aceptar que partes de su territorio, como el barrio de las concesiones en Shanghái, fuesen ocupadas y controladas por potencias extranjeras, a pagar compensaciones de guerra y a ceder el control de múltiples activos, como impuestos y minas. Las autoridades chinas también tuvieron que aceptar múltiples medidas a las que realmente se oponían, como la apertura de su economía, la labor misionera de diferentes organizaciones cristianas o la extraterritorialidad. En este contexto, la política de puertas abiertas estableció durante la primera mitad del siglo XX un marco, según el cual cada potencia (Gran Bretaña, Francia, Japón, Rusia, Italia, Alemania y Estados Unidos) aceptaban el respeto a la integridad territorial china y la no interferencia en la libertad de comercio de las partes. Estados Unidos, que se había convertido en una potencia en Asia tras la conquista de las islas Filipinas, mostró un especial celo en este propósito, que pronto entraría en riesgo por la acción del imperio japonés y su decisiva acción de colonización de China.

La presencia extranjera forzada provocó un sentimiento de indefensión en la población que terminaría con la caída de la dinastía Qing, al considerarse que esa dinastía manchú era incapaz de hacer frente a la presión exterior. Un sentimiento de explotación colonial se fue apoderando de la población y de grupos de intelectuales y estudiantes que buscaban una salida a la situación de subordinación en la que se encontraba China. En este contexto, se fue gestando un nacionalismo unificador y excluyente hacia lo extranjero que bebía directamente del concepto supremacista anterior, pero que esta vez implicaba un fuerte discurso antiimperialista que hoy en día sigue vigente en China. Una figura clave en la gestación de este nacionalismo antiimperialista fue Sun Yat-sen, considerado por muchos el padre de la China moderna debido a su papel central en la consolidación de un sistema republicano.

Las sucesivas derrotas de la dinastía Qing frente a las potencias extranjeras hicieron que cada vez más voces dentro de China exigieran no solo la caída de dicha dinastía, sino también el fin del sistema imperial, como prerrequisitos para modernizar el país y enfrentarse eficazmente a la agresión exterior. En ese contexto, Sun Yat-sen comenzó apoyando un nacionalismo étnico han para movilizar a este grupo mayoritario de población, por encima de sus tradicionales divisiones regionales y familiares, y hacer frente a la dinastía Qing de origen manchú. No será hasta el establecimiento de la República de China que Sun cambió el énfasis de un nacionalismo étnico han a un nacionalismo cívico que aglutinaba a las principales etnias que vivían en China, con el objetivo de legitimar para el nuevo Estado republicano los límites territoriales de la China imperial, frente a las ambiciones coloniales de las potencias extranjeras, en aquel momento especialmente Japón.

La masiva influencia del antiimperialismo en la China republicana quedó evidenciada tanto en el célebre Movimiento del 4 de Mayo de 1919, detonado por el artículo del Tratado de Versalles que cedía a Japón el control de zonas de China previamente administradas por Alemania, como en el ideario de los dos partidos políticos más importantes del país: el Partido Nacionalista (Kuomintang, KMT) y el Partido Comunista de China (PCCh). Es más, como se desarrollará en el apartado siguiente, este fue un punto clave de la competencia entre ambos partidos, dada la gran eficacia de esta ideología para movilizar a la población. El PCCh alcanzó el poder en parte gracias al apoyo popular conseguido por un discurso antiimperialista más acusado que el del KMT de Chiang Kai-shek. No es de extrañar, por tanto, que la política exterior de la RPCh tuviera un marcado carácter antiimperialista durante el periodo maoísta.

Mao intentó siempre jugar sus propias cartas durante la Guerra Fría, primero como aliado de la Unión Soviética frente al imperialismo americano, y, a medida que se distanciaba de Moscú, al que acabó acusando de encarnar un nuevo modelo imperialista, como aliado de los países en vías de desarrollo que se habían descolonizado o de las colonias que estaban luchando por su autodeterminación. Desde esta perspectiva, la China maoísta no solo quiso participar, sino también liderar el movimiento de los países no alineados, formado por países que rechazaban alinearse con la Unión Soviética o con Estados Unidos en el orden bipolar de la Guerra Fría. En la conferencia afroasiática de Bandung de 1955, germen del Movimiento de Países No Alineados, el primer ministro y canciller chino, Zhou Enlai, no dudó en acentuar la proyección antiimperialista china:

> La mayoría de los países afroasiáticos, incluido China, estamos muy atrasados económicamente debido a la prolongada colonización. Por eso, no solo pedimos la independencia política sino también la económica [...]. La época en que los países occidentales dominaban nuestro destino ha pasado y éste ha de ser dirigido por nosotros mismos[8].

Esta vertiente diplomática china tuvo su correlación durante años en la política Sur-Sur, en la que China se ofrecía a otros países en vías de desarrollo no solo como modelo a seguir, sino también como socio en condiciones ventajosas en contraposición al carácter explotador de las potencias tradicionales. Así, en enero de 1964, durante una visita a

Ghana, Zhou Enlai expuso los ocho principios de ayuda económica y técnica de China para otros países. Entre estos cabe destacar que la ayuda económica llevaría una carga mínima de intereses prorrogables según las necesidades del país o que los expertos chinos enviados vivirían en las mismas condiciones que los expertos del país receptor. Esta política, llamativa si tenemos en cuenta los problemas económicos de China en la época y su baja renta per cápita, debe ser entendida como una fórmula para liderar a las regiones más pobres del planeta en la lucha maoísta de revolución internacional antiimperialista, colocando a China en un lugar preferente en el marco de la Guerra Fría. Dentro de este programa de inversiones podemos citar, por ejemplo, la reconstrucción del tren Tanzania-Zambia, cuyo acuerdo de financiación se firmó en 1967.

En la política exterior china, Zhou Enlai era la cara más amable del régimen, pero a medida que el gobierno de la RPCh se iba radicalizando ideológicamente, también lo hizo su política exterior. Esto se tradujo en un antiimperialismo agresivo y revolucionario encarnado por Mao Zedong, quien consideraba que China debía liderar una gran revolución antimperalista global y convertirse en un referente para los diferentes pueblos que quisieran luchar contra el imperialismo representado por los Estados Unidos y la Unión Soviética. Prueba de ello fue su apoyo a múltiples movimientos de liberación nacional y su predisposición inicial a animar a grupos comunistas de influencia maoísta en África, Asia y América Latina.

Esta apología antiestadounidense se modificó en los últimos años de Mao ante el deterioro de la relación con la Unión Soviética, que derivó en escaramuzas fronterizas, y el necesario acercamiento a la tan denostada superpotencia capitalista. Sin desaparecer del todo del discurso oficial, los anteriores ataques al imperialismo, sobre todo estadounidense, fueron dejando paso a los ataques contra el imperialismo revisionista soviético. Por tanto, aunque se diluía la confrontación dialéctica con el bloque liberal y capitalista en aras de romper el aislamiento internacional en el que se encontraba China tras la Revolución Cultural, el antiimperalismo seguía estando presente en su política exterior.

Deng Xiaoping optó por proseguir la estela del maoísmo tardío y eliminar la confrontación en el discurso contra los países capitalistas, de los que esperaba obtener inversiones, tecnología, conocimiento y mercados para poder desarrollar su programa de reformas económicas. En este periodo reformista, el antiimperialismo se utilizó como justificación para acallar a los disidentes de las reformas económicas, identificando el subdesarrollo y la falta de cohesión interna como el caldo de cultivo para una agresión imperialista contra China: «La razón de que los imperialistas nos humillaran en el pasado fue precisamente que no éramos más que un montón de arena»[9], dijo en una ocasión Deng.

La inestabilidad doméstica, evidenciada por las protestas estudiantiles de la plaza de Tiananmen en la primavera de 1989, unida al final de la Guerra Fría, marcado por la caída del Muro de Berlín en noviembre de 1989 y la posterior descomposición de la Unión Soviética, generaron un escenario muy amenazador para la continuidad del monopolio del PCCh sobre el poder político en China. Una parte significativa de la población china miraba a Occidente como un modelo para su país, y desde Estados Unidos, que emergía victoriosa como única gran superpotencia, la RPCh ya no era vista en Washington como un contrapeso útil ante el enemigo soviético, sino como el mayor bastión del sistema comunista.

En este momento de debilidad, el PCCh se aferró de nuevo a un nacionalismo antiimperialista, lanzando una intensa campaña de educación patriótica, en la que se presentaba al Partido como el único actor que había sido capaz de proteger eficazmente a China de las agresiones imperialistas y que lo podría seguir haciendo en el futuro. Desde esta perspectiva, amar al Partido y amar a China son una misma cosa y cualquier influencia externa que pueda debilitar al Partido se rechaza como un intento de debilitar al país para someterlo más eficazmente a los intereses extranjeros. En consecuencia, se acusó a los países occidentales de manipular intencionadamente las mentes de los estudiantes con la intención de introducir en China «elementos económicos, culturales y políticos típicos de las democracias liberales»[10]. El Partido no ha escatimado recursos para difundir estas ideas entre la población durante las últimas tres décadas, y nos encontramos durante el mandato de Xi Jinping en un periodo de exaltación de la propaganda gubernamental patriótica.

Aunque en estos años, debido al espectacular desarrollo socioeconómico experimentado por China, ha perdido aceptación la visión de que es un país en vías de desarrollo, las referencias al siglo de las humillaciones y la resistencia china contra el imperialismo —esta vez de nuevo centrado en los Estados Unidos— siguen enmarcando la proyección nacionalista del PCCh tanto hacia dentro de su territorio como hacia el exterior. De cara a la propia galería nacional, las referencias a este periodo son de una constancia abrumadora en la educación, tanto en colegios como en universidades. Asimismo, la contextualización de novelas, series de televisión y películas en este período se ha convertido ya en un clásico del imaginario colectivo chino, con el entusiasta apoyo económico gubernamental, que se asegura así una memoria colectiva dirigida por el Estado donde el Partido se presenta como imprescindible para evitar que China vuelva a ser víctima de las ambiciones de otros países.

Desde el punto de vista exterior, las muchas veces controvertidas inversiones chinas en el extranjero o sus esfuerzos por proyectar a su Ejército fuera de sus territorios se justifican dentro de una permanente lucha de China contra el imperialismo. En palabras del propio Xi Jinping en la inauguración de la Octava Reunión Ministerial del Foro de Cooperación China-África:

> China llevará a cabo diez proyectos de paz y seguridad para África, continuará brindando asistencia militar a la Unión Africana, apoyará los esfuerzos de los países africanos para mantener de forma independiente la seguridad regional y combatir el terrorismo, y realizará ejercicios conjuntos y entrenamiento en el lugar entre las tropas de mantenimiento de la paz chinas y africanas y cooperación en materia de control de armas pequeñas y ligeras[11].

Como se recoge en un comunicado conjunto con Rusia publicado el 4 de febrero de 2022, el mensaje sigue siendo, que China y la mayor parte de países se ven perjudicados por la hegemonía que impone Estados Unidos, fundamentada en relaciones asimétricas y en la imposición de sus valores e intereses sobre los del resto de países. Así se expresaba el director general del Departamento de Asuntos

Europeos de la diplomacia china mientras la OTAN celebraba la Conferencia de Madrid:

> China nunca se dedica a exportar valores. No imponemos nuestras ideas a nadie. La OTAN no debería permitir que ninguna superpotencia la utilice para mantener la hegemonía y reprimir a otros países[12].

El mensaje que lanzan las autoridades chinas a su población es que el PCCh es el único actor capaz de hacer valer los intereses de China frente a esa amenaza exterior; y, para los países en vías de desarrollo, que China, a diferencia de las potencias tradicionales, coopera con ellos en pie de igualdad sin erosionar su soberanía. Hegemonía y antiimperialismo siguen siendo palabras fetiche del discurso oficial del PCCh y seguirán siéndolo en la nueva era de enfrentamiento que se abre entre China y Estados Unidos.

La construcción del Estado nación en China

Ante la debacle del sistema sinocéntrico y las continuas agresiones contra China, las élites, algunas de ellas formadas en el extranjero, empezaron a reflexionar sobre cómo hacer frente de manera eficaz a esa amenaza exterior. En este proceso, los referentes de la intelectualidad china cada vez eran más internacionales y sus propuestas se radicalizaron con el tiempo, pasando de la reforma a la revolución, a medida que el conservadurismo imperante en la corte Qing hacía evidente que era necesario un cambio sistémico para que China no se convirtiera en un mero trofeo de las potencias coloniales. Esta controversia sobre la utilidad de los referentes extranjeros para China y la profundidad de los cambios que debe acometer el país sigue estando plenamente vigente.

En el debate iniciado a mediados del siglo XIX sobre cómo afrontar la presión de las potencias coloniales, se podían diferenciar tres grupos: nativistas, pragmáticos y anti-nativistas.

Los nativistas buscaban la solución en la tradición china, articulando un esquema ideológico que uniera a la población contra eventuales conquistas. Esta fue, salvo excepciones, la postura imperante durante la segunda mitad del siglo XIX, decayendo después ante la evidencia de las derrotas chinas provocadas por el retraso tecnológico. Dado su carácter conservador, esta perspectiva fue respaldada por la corte, las élites tradicionales y la población rural, que achacaban el declive de China al imperialismo occidental; de ahí que abogasen por aislarse de la presión extranjera y erradicar cualquier influencia exterior como requisito fundamental para lograr el resurgir del Reino del Centro. En este entorno proponían buscar un soporte ideológico autóctono que aglutinase a su población y la movilizase para imposibilitar así una eventual conquista de China por otra potencia. Por tanto, la tarea prioritaria para los nativistas era formular y difundir una ideología que unificase de manera eficaz a la población, lo que desembocó con facilidad en un nacionalismo corto de miras, cuyo epítome fue la rebelión de los bóxer (1899-1901). Este movimiento populista de tintes cuasi mesiánicos, que hacía creer a sus participantes ser inmunes a las armas occidentales, fue apoyado por la emperatriz regente Cixi y parte del ejército imperial. Esto fue la gota que colmó el vaso para gran parte de las élites militares, políticas y económicas chinas que veían a la dinastía Qing como un obstáculo para la salvaguarda del país. Paradójicamente, la ocupación y destrucción de parte de Pekín por fuerzas internacionales —tanto al finalizar la segunda guerra del Opio, en particular del Antiguo Palacio de Verano, como tras la supresión de la rebelión de los bóxer— son hoy en día algunos de los episodios más recordados por el gobierno chino como ejemplo de imperialismo occidental y de la necesidad de un poder nacional fuerte para hacer frente a las agresiones exteriores.

Los pragmáticos, por su parte, consideraban que para preservar la esencia de China era necesario aprender de Occidente, no como un proceso de occidentalización, sino como una adopción selectiva de aquellos elementos, sobre todo tecnológicos, que eran necesarios para preservar la independencia de China y tener el estatus de potencia internacional. El reformador Zhang Zhidong (1837-1909) expresó con la siguiente máxima el punto de vista pragmático: «El conocimiento chino como fundamento y el conocimiento occidental para usos prácticos» (*zhongxue weiti, xixue weiyong*). La Restauración Tongzhi (1863-1875), encabezada por burócratas e intelectuales como Zhang Zhidong, Yan Fu (1853-1921) y Li Hongzhang (1823-1901), fue el primer intento sistemático de poner en práctica este programa, cuyas líneas directrices han sido retomadas posteriormente en diversas ocasiones, especialmente en el periodo posmaoísta. En estos doce años de restauración se alcanzaron algunos éxitos cualitativamente significativos, como la creación de astilleros modernos, la instalación de fábricas de armas, la fundación de escuelas militares, de ingeniería e idiomas, la reorganización del Ejército y el establecimiento de misiones diplomáticas en países extranjeros. Por desgracia, esta línea reformista se estancó debido al conservadurismo xenófobo imperante en la corte y su empeño en perpetuar sus privilegios más que en propiciar los cambios que necesitaba el país, como quedó patente con el descalabro de China en la primera guerra Sino-Japonesa (1894-1895).

El periodo de reforma y apertura, impulsado por Deng Xiaoping desde finales de la década de 1970, marcó el inicio del apogeo del pragmatismo en China. Estos postulados pragmáticos siguen plenamente vigentes bajo la égida de no ceder en lo que las élites del momento definen como «la esencia china». En el caso de la doctrina ideológica del PCCh, esto ha sido recogido con la fórmula «socialismo con características chinas». Esta aparente contradicción de un partido comunista que revaloriza elementos de la cultura tradicional china como el confucianismo se entienden desde una perspectiva instrumental, ya que el PCCh está recuperando y reinterpretando aquellos elementos tradicionales que favorecen el mantenimiento de su régimen de Partido-Estado, a la vez que refuerza un paulatino alejamiento de las influencias culturales extranjeras que podrían amenazarlo. Este rechazo a la influencia cultural extranjera se manifiesta en prohibiciones incluso de prácticas aparentemente inocuas, como la celebración de festividades extranjeras.

El último grupo sería el de los antinativistas, que rechazaban la cultura tradicional al considerarla un obstáculo para la modernización del país. Por consiguiente, buscaban en otros países, esencialmente en Occidente y Japón, modelos económicos, sociales, políticos y culturales con los que modernizar el país. Esto no equivalía necesariamente a respaldar un proceso de occidentalización, sino que, en la mayoría de los casos, suponía buscar una aproximación propia a la modernización a partir de modelos extranjeros. La monarquía, por su parte, apenas promocionó sus postulados, pues este grupo demandaba cambios sociopolíticos de mayor calado que los anteriores, con la consiguiente amenaza para el *statu quo*. La corte Qing nunca fue capaz de implementar un programa profundo y sostenido de reformas, ni siquiera cuando así se lo impusieron las principales potencias de la época tras la supresión de la rebelión de los bóxer. De ahí que el antinativismo ganase respaldo durante los últimos años de la dinastía Qing y se convirtiera en la sensibilidad imperante entre las élites políticas del periodo republicano (1912-1949), cuando se manifestó a través de múltiples movimientos políticos e ideológicos que compitieron entre sí por establecer un nuevo sistema que sustituyera al imperial. El vencedor fue el maoísmo, que fundó la RPCh en 1949 y adaptó a la idiosincrasia de este país las ideas y las prácticas de los principales pensadores y políticos comunistas europeos.

En la actualidad, podríamos incluir un cuarto grupo que no ve la tradición china como un lastre, pero que entiende que hay modelos de organización económica, social y política fuera de China que pueden servir de inspiración para el país. Se trata sobre todo de jóvenes de formación universitaria crecidos durante el periodo de reforma y apertura china, y que, en muchos casos, han estudiado e incluso trabajado en el extranjero. Su percepción del país, por lo tanto, es alta y falta de complejos. Este grupo se encuentra sobre todo en las grandes urbes y está muy internacionalizado. Se diferencian de los pragmáticos en cuanto a que su aproximación al mundo extranjero es menos utilitarista, y se diferencian de los antinativistas en que no ven confrontación entre la tradición china y nuevas formas de vida y de comportamiento. En la actualidad, este es el grupo que más sufre las tensiones entre China y Occidente, que tiene su representación práctica, por ejemplo, en las cada vez mayores restricciones para mover dinero fuera de China y para conseguir visados a algunos países anglosajones, lo que era tradicionalmente popular para los estudiantes y migrantes chinos con más recursos económicos.

En cualquier caso, en un contexto de desmoronamiento del sistema imperial e imposición a China por parte de las potencias coloniales del Estado nación como forma de organización política, las élites políticas de la época tenían que decidir si apostar por un Estado han, la etnia mayoritaria de China, o por un estado multiétnico. La primera opción tenía la teórica ventaja de facilitar la composición de una nación más cohesionada, lo que permitiría que las autoridades mantuvieran con mayor facilidad el control de la población y el territorio sobre los que fueran a gobernar. La segunda opción suponía apostar por una nación multiétnica, lo que legitimaría gobernar sobre la población y los territorios controlados, con diferente grado de intensidad, por la dinastía Qing. Aunque con algunos titubeos, los dos partidos políticos más importantes de China, el KMT y el PCCh, acabaron decantándose por lo segundo. De ahí que la RPCh sea un Estado multiétnico en el que más de 125 millones de personas, casi el 9 % de la población del país, forman parte de una minoría étnica. Esto explica también que China sea hoy el tercer país más extenso del mundo, pues las minorías étnicas chinas habitaban tradicionalmente en lo que hoy es el 60 % del territorio de la RPCh, con zonas de gran valor estratégico por su carácter fronterizo y su riqueza en recursos naturales.

Este proceso de creación de un Estado nación multiétnico no fue nada sencillo ni a nivel institucional ni a nivel identitario. Institucionalmente, era necesario incrementar el control del Estado sobre unas poblaciones alejadas del tradicional centro neurálgico del poder gubernamental, y en las que los han eran frecuentemente un grupo minoritario. Por no hablar de que en algunas de estas regiones, como Tíbet y Xinjiang, no entraron dentro del sistema sinocéntrico respectivamente hasta mediados del siglo XVII y del siglo XVIII, cuando lo hicieron más por la visión centroasiática de los manchúes que por la tradición sínica. Además, la autoridad de los emperadores Qing en estas zonas fue por lo general bastante difusa. Con la llegada del periodo republicano la debilidad institucional que caracterizó a muchos de los gobiernos centrales chinos de aquel periodo hizo que importantes territorios habitados por minorías, como Manchuria, Mongolia, Tíbet y Xinjiang, quedasen fuera del control efectivo del gobierno central hasta el establecimiento de la RPCh. En el caso del actual Estado de Mongolia —provincia de Mongolia Exterior durante la dinastía Qing— esto incluso supuso la formación de un Estado independiente reconocido internacionalmente.

Ya el novelista español Vicente Blasco Ibáñez, en un viaje que realizó a China en 1923 dentro de una vuelta al mundo, y en el que dejó constancia con un libro titulado *China*, hace mención a la escasa capacidad del gobierno central chino para controlar su territorio:

Indudablemente la joven república vive un estado anárquico. El gobierno de Pekín apenas si se ve obedecido en una menguada parte del territorio [...] digamos que la China actual es un organismo enorme y fuerte, pero falto de sistema nervioso, lo que le obliga a permanecer caído[13].

A esa debilidad institucional hay que añadir la falta de una identidad nacional consolidada que aglutinase a los diferentes grupos étnicos que habían vivido dentro del Imperio Qing. Pero un nuevo Estado nación necesita una identidad nacional de sus ciudadanos que sustituya a la lealtad del súbdito con el emperador que había caracterizado a China durante milenios. La creación de dicha identidad nacional era una tarea enormemente compleja, no solo por la mencionada debilidad institucional de los gobiernos republicanos, también por la enorme diversidad de grupos étnicos existentes en China y por las profundas diferencias lingüísticas, religiosas y culturales existentes entre ellos. A pesar de eso, Sun Yat-sen en sus Tres Principios del Pueblo hizo un llamamiento a la unidad de los cinco principales grupos étnicos de China: han, hui, manchúes, mongoles y tibetanos, con el fin anunciado de crear un Estado fuerte frente a las potencias extranjeras y con el objetivo de que el nuevo Estado no se viera reducido territorialmente. Uno de los principales símbolos de este nacionalismo cívico fue la bandera de cinco colores que utilizó la República de China entre 1912 y 1928, uno por cada una de estas etnias, y que se denominó la Bandera de las Cinco Etnias Viviendo Juntas en Armonía (*wǔzú gònghé*).

Ante el doble desafío que suponía instaurar un Estado nación chino capaz de hacer frente a la agresión de las potencias imperialistas y de mantener bajo su control el territorio y la población integrados dentro del imperio Qing, las principales fuerzas políticas republicanas optaron por intentar establecer un gobierno fuerte y centralizado. Esta visión estatalista de la política se impuso con la fundación de la RPCh y se ha legitimado hasta nuestros días apelando a que es la única forma de garantizar la soberanía y la integridad territorial de China frente a presiones imperialistas externas y movimientos separatistas internos.

2. El sistema político chino

Ningún partido político del mundo se ha mantenido en el poder durante tanto tiempo seguido como el PCCh. Para entender cómo funciona un país es esencial conocer su sistema político, y esto es particularmente importante en aquellos Estados con regímenes políticos fuertes, como el del PCCh, cuyas autoridades políticas tienen una gran capacidad para imponer sus prioridades al resto de actores sociales: élites económicas, medios de comunicación, organizaciones no gubernamentales, científicos e intelectuales, etc. El análisis del sistema político chino nos ofrecerá las claves necesarias para entender la longevidad del monopolio del PCCh sobre el poder político, su centralidad dentro y fuera del ámbito político y el giro autocrático que está imprimiendo Xi Jinping al régimen. Asimismo, veremos que el sistema político chino es más plural de lo que suele parecer desde fuera y que su capacidad de represión dista mucho de ser el único motivo que explica la perpetuación del régimen del PCCh.

Antes de profundizar en esta tarea, es necesario tener en cuenta dos cuestiones: la primera es que para comprender el funcionamiento del sistema político chino no basta con aproximarse a su configuración formal, sino que también hay que prestar atención a su dimensión informal. Esto se debe a que la manera en que se organiza oficialmente dista mucho de reflejar su funcionamiento real. De ahí que la lectura de la Constitución de la RPCh y de los estatutos del PCCh nos dé una visión bastante distorsionada de cómo se organiza el poder político en este país.

El segundo punto es que, a pesar de contar con un complejo entramado burocrático, el sistema político chino está escasamente institucionalizado. Las instituciones son prácticas, relaciones y organizaciones a las que sus participantes les confieren la suficiente importancia como para verse influidos por ellas en su conducta. Sin embargo, el sistema político chino sigue siendo netamente personalista y los gobernantes tienen un amplio margen para reconfigurar sobre la marcha las reglas del juego, sin afrontar muchos más límites a sus acciones que los impuestos por las actitudes y acciones de otros miembros de la élite política. Esto se ha evidenciado con especial claridad durante los dos primeros mandatos de Xi Jinping, quien, entre otras cosas, ha eliminado las limitaciones temporales a la jefatura del Estado y al frente del Partido; ha creado nuevos órganos de poder encabezados por él mismo, como las comisiones de Profundización Comprensiva de las Reformas y de Seguridad Nacional; ha diluido la figura del primer ministro; y ha ascendido a varios de sus protegidos vulnerando los procedimientos habituales.

Del totalitarismo al autoritarismo

Cuando se piensa en la espectacular transformación experimentada por China en las últimas décadas del siglo pasado, siempre se pone el foco en los cambios socioeconómicos y frecuentemente se obvian los políticos. Sin embargo, esos cambios políticos, fundamentalmente la transición de un régimen totalitario a otro autoritario, fueron los que posibilitaron la tan visible metamorfosis socioeconómica.

A mediados de diciembre de 1978, los miembros del Comité Central del PCCh, reunidos en el Hotel Jingxi de Pekín, adoptaron una serie de decisiones que dejaban atrás el periodo maoísta y embarcaban al país en una transición del totalitarismo al autoritarismo. En primer lugar, se retomó el proyecto desarrollista que ya esbozara la facción burocrática de Liu Shaoqi y Deng Xiaoping a inicios de los años sesenta. Este programa priorizaba la modernización económica del país por encima de cualquier principio ideológico; de ahí que, entre otras cosas, se aboliese la lucha de clases, se retirasen las etiquetas de clase con las que contaba todo individuo durante el maoísmo y se dejasen de lanzar campañas políticas de masas. En segundo lugar, la aceptación de una serie de leyes económicas que rompían con la ortodoxia marxista supuso la aplicación de un programa de liberalización y apertura económica, que fue impulsando progresivamente la descentralización de la gestión económica y la introducción del mercado, de incentivos materiales, de cierto grado de privatización y de inversiones extranjeras. En tercer lugar, se revirtieron un gran número de juicios políticos llevados a cabo durante los últimos años del maoísmo, especialmente durante la Revolución Cultural, con lo que se rehabilitó a numerosos cuadros del Partido y se reforzó la posición de miembros de la facción burócrata, como Deng Xiaoping, que fue el principal líder de aquella China reformista.

Las consecuencias de estas medidas sobre la configuración del sistema político chino fueron fundamentales, lo que contradice el tópico de que las reformas en China han sido exclusivamente de carácter económico. Durante el periodo de consolidación del maoísmo, China presentaba un régimen político totalitario. Este tipo de régimen político es muy poco frecuente, aunque ha tenido exponentes históricos tremendamente influyentes y trágicos como la Alemania nazi, la Unión Soviética de Stalin y la propia China de Mao, además de exponentes actuales que están entre los Estados fallidos más conflictivos del planeta como Corea del Norte y Siria.

Los regímenes totalitarios se caracterizan por su carácter autocrático, con enorme concentración del poder político en las manos de una sola persona. Este individuo está al frente de un partido de masas que pretende imponer una determinada cosmovisión en sus gobernados. Para alcanzar este objetivo ejerce un control exclusivo de la esfera pública y politiza completamente la sociedad a través de organizaciones de masas controladas por el propio régimen. En este tipo de regímenes políticos la población es movilizada frecuentemente para que muestre activamente su apoyo a las autoridades, y el adoctrinamiento ideológico es la principal fuente de legitimidad de los gobernantes. Por todo ello, parafraseando a Juan José Linz, podemos resumir como principal característica del totalitarismo la «politización total» de la sociedad a través de organizaciones políticas controladas por el propio régimen en su intento de imponer una determinada visión del mundo de carácter holístico[1].

Las reformas impulsadas por Deng Xiaoping como la introducción de la economía de mercado y la apertura de China al exterior, fueron de la mano de la sustitución del adoctrinamiento ideológico por la legitimidad instrumental como principal fuente de legitimación del Partido y el fin del control exclusivo del PCCh sobre la esfera pública.

La implantación de una economía de mercado, que supuso la descolectivización del mundo rural y un descenso del peso económico del sector público, redujo notablemente la dependencia que tenía la población del Estado para asegurar su subsistencia y, en consecuencia, también la capacidad del régimen para controlar a sus ciudadanos. Además, y junto a la apertura de China al exterior, la liberalización económica posibilita la aparición de nuevos canales de información y de expresión de ideas contrarias al régimen. Ello hizo inviable mantener el férreo control anterior, cuando la subsistencia del individuo dependía de su trabajo para el Estado y era imprescindible contar con el permiso de los cuadros del Partido para cuestiones tan fundamentales como casarse, divorciarse, cambiar de trabajo, tener hijos y viajar incluso dentro del país. El Partido ya no podía aspirar a movilizar de forma cotidiana a la población para mostrar su apoyo al régimen y se incrementó la permisividad hacia la disensión política, siempre y cuando no fuese organizada ni notoria. Es más, en algunas de las grandes transformaciones socioeconómicas de la época —como el restablecimiento de la familia como principal unidad de organización de la actividad económica en el mundo rural—, fue la población la que tomó la iniciativa.

Asimismo, el compromiso de los nuevos líderes con la modernización económica del país también exigía una mayor profesionalización de la burocracia. Se redujo el control directo del Partido sobre la administración del Estado y se introdujo un sistema de reclutamiento del funcionariado que priorizaba su cualificación sobre su ideología política. Todo esto se tradujo en un sistema mucho menos dogmático y más tecnocrático.

Además, se avanzó hacia un estilo de liderazgo colegiado en la cúpula del régimen, para evitar tragedias como el Gran Salto Adelante y la Revolución Cultural, que Deng Xiaoping y sus aliados achacaban a la falta de contrapesos a la figura de Mao. Esto se reflejó en los estatutos del Partido con la prohibición de toda forma de culto a la personalidad y la abolición en 1982 del cargo de presidente del PCCh. A partir de Deng, los líderes principales que le fueron sucediendo, primero Jiang Zemin y luego Hu Jintao, cada vez concentraban menos poder y dependían más de otras élites del régimen a la hora de tomar decisiones políticas. Paralelamente, también se instauró un sistema informal de sucesión al frente del Partido que dotó de mayor previsibilidad y estabilidad al sistema al estar respaldado por las dos corrientes principales que se constituyeron dentro del PCCh a finales del siglo XX.

Entre inicios de la década de 1990 y 2022, estas dos principales corrientes internas del Partido —los elitistas y los populistas— ocuparon la gran mayoría de los principales cargos del Partido y se fueron alternado al frente de la Secretaría General. La coalición elitista, primero encabezada por Jiang Zemin y luego por Xi Jinping, está más vinculada a los descendientes de altos cargos del régimen, a las provincias costeras, a una mayor desregulación de la economía y a cargos del Partido con experiencia profesional en labores económicas y financieras. Por su parte, los populistas, cuyas figuras más destacadas han sido Hu Jintao y Li Keqiang, tienden a ser de un origen familiar más humilde y estar más asociados a la Liga de las Juventudes Comunistas de China y a las provincias del interior. Además, los populistas tienden a prestar más atención a la redistribución (tanto interregional como interpersonal) y a basar su experiencia profesional en labores de organización y comunicación institucional.

Uno de los focos tradicionales de mayor inestabilidad en los regímenes comunistas es la falta de mecanismos institucionalizados para asegurar una transición pacífica del poder en la cúspide del sistema. Esta carencia resulta especialmente problemática dado el enorme poder acumulado por el líder principal y que la sucesión se realiza tras su defunción. En China, la tendencia desde los tiempos de Mao ha sido que el líder supremo designe un sucesor antes de su muerte. Esto provocó numerosos conflictos sucesorios, pues el sucesor designado se enfrenta a una tarea profundamente contradictoria: por un lado, debe mostrar continuamente su fidelidad al actual líder principal, pero, por otro, necesita crear una base de poder independiente para hacer frente a las luchas políticas que se desencadenarán una vez que el líder principal abandone la escena política. Estas luchas internas resultan inevitables, pues, al no estar institucionalizado el poder en la cúspide del régimen, una vez muerto el líder principal, su poder muere con él. Por tanto, su supuesto sucesor necesita contar con su propia base de poder para competir por el liderazgo del Partido contra otros pretendientes.

Asimismo, cualquier intento del sucesor por consolidar una base independiente de poder mientras su patrón aún está en activo suele ser visto por éste como una traición y frecuentemente ha desembocado en la deposición del sucesor. En este contexto, es frecuente que el resultado final no sea el previsto, bien porque el líder principal purga a su protegido por querer asumir el poder demasiado pronto, como le sucediera a Liu Shaoqi, Lin Biao, Hu Yaobang o Zhao Ziyang, o porque el protegido es incapaz de consolidar su posición al frente del régimen, como le sucedió a Hua Guofeng.

Esto se intentó corregir con un sistema de transición planeada y ordenada, que incluía una edad oficial de retiro, un límite de dos mandatos y un acaparamiento progresivo de los principales cargos al frente del Partido, del Ejército y de la Administración del Estado (Presidencia de la RPCh). Este sistema funcionó tanto con la llegada al poder de Hu Jintao en 2002 como con la de Xi Jinping en 2012. Sin embargo, Xi ha revertido muchas de las tendencias políticas del periodo reformista, hasta el punto de que hay debate sobre si China ha vuelto a un totalitarismo como el del periodo maoísta.

Xi Jinping: ¿Vuelta al totalitarismo?

Desde que Xi Jinping su pusiera al frente del Partido en octubre de 2012 se han producido tres fenómenos que apuntan hacia un incipiente totalitarismo: mayor concentración del poder, más control social por parte de las autoridades e intensificación del adoctrinamiento ideológico de la población.

Al finalizar el mandato de Hu Jintao en 2012, la cúpula del Partido apoyaba mayoritariamente una reconcentración del poder para superar los principales retos que afrontaba: profundas divisiones internas que atascaban los procesos internos de toma de decisiones, altísimos niveles de corrupción, rápida deceleración económica, severo deterioro medioambiental y creciente descontento social. Solo así puede explicarse que Xi, quien no tenía una gran autoridad dentro del Partido al principio de su mandato, haya podido consolidar su poder de una manera tan rápida, pues necesitó la aquiescencia de otros para lograrlo. La respuesta del Partido ante una situación de crisis fue concentrar el poder en un líder fuerte, y Xi ha desarrollado a lo largo de sus mandatos múltiples medidas para ello: una intensa campaña anticorrupción que ha alcanzado a figuras políticas rivales del PCCh y del Ejército el culto a su persona, la promoción de sus protegidos vulnerando los procesos habituales dentro del Partido y del Ejército, o la creación de nuevos órganos de gobierno encabezados por él mismo. Es más, sus tres mandatos al frente del Partido rompen con la alternancia anterior, y la ausencia de un posible sucesor apunta a que muy probablemente tiene intención de perpetuarse en el poder más allá de 2027.

Los cambios en los estatutos del PCCh y en la composición de sus principales órganos durante su XX Congreso Nacional, celebrado en octubre de 2022, refrendan una concentración del poder en manos de Xi Jinping sin precedentes desde el periodo maoísta y el énfasis en el control del Partido sobre el resto del régimen y la sociedad. Xi consiguió ser reconocido como «núcleo» del Partido, que su pensamiento sobre el «Socialismo con características chinas para una Nueva Era» fuera identificado como ideología rectora del Partido, y copar todos los demás asientos del Comité Permanente del Politburo —que es el órgano colegiado más poderoso del PCCh— con personas que le deben lealtad personal. Los cambios en los estatutos del Partido identifican su liderazgo como un «rasgo definitorio del socialismo con características chinas», lo que legitima cambios institucionales sustantivos que refuerzan su autoridad. Por ejemplo, la integración de múltiples órganos gubernamentales dentro de las que eran sus contrapartes en el Partido en áreas como la contratación, la supervisión y la formación del funcionariado; la gestión de las editoriales y los medios de comunicación públicos; y las relaciones con las minorías étnicas, las asociaciones religiosas y los chinos de ultramar.

La característica distintiva de un sistema totalitario es el control total que ejercen las autoridades políticas sobre todos los aspectos de la sociedad, incluida la economía, los medios de comunicación, la cultura y la vida personal de los ciudadanos. En la China de Xi las autoridades intentan moldear y vigilar las creencias y el comportamiento de sus ciudadanos con una intensidad inusitada durante el periodo reformista, lo que se ha traducido en una intensificación de la propaganda, incluyendo el culto a la personalidad del líder, y de los mecanismos de control para asegurar la exposición de la población a dicha propaganda, ya sea en su lugar de trabajo, en su centro educativo, en los medios de comunicación o en las redes sociales. Todo ello para crear un sentido de unidad y lealtad al régimen, así como un reforzamiento del control directo. La identificación oficial que se hace desde el XX Congreso del PCCh de Xi Jinping como núcleo del Partido y de su pensamiento como la ideología rectora del mismo para afrontar los retos actuales de China van a reforzar todavía más el culto a su persona y un estilo de liderazgo personalista. Esto va a dificultar que puedan articularse puntos de vista alternativos o voces discrepantes que pudieran ejercer de contrapeso, pues una mayor identificación de Xi con el Partido permite que cualquier disenso con él pueda interpretarse como un ataque contra el conjunto del Partido.

Además, las autoridades se están apoyando en tecnologías de monitorización y control social muy avanzadas, como programas de reconocimiento facial y algoritmos para el rastreo, filtrado y bloqueo de actividad en línea para aumentar su capacidad de control social. Algunos de estos instrumentos han sido especialmente visibles durante la implementación de una política de covid cero por parte de las autoridades chinas. Asimismo, también debe tenerse en cuenta que China es un país con un sistema de gobierno muy complejo, con importantes variantes regionales y donde distintos grupos sociales pueden estar sujetos a diferentes niveles de control político. Por ejemplo, la Policía Popular Armada tiene mucha mayor presencia en Xinjiang que en otras provincias de China; y dentro de Xinjiang, la población uigur sufre un nivel de control y de supresión de derechos significativamente mayor que la población han.

Aquí también hay que mencionar programas piloto de crédito social desarrollados desde 2014 por varias empresas y gobiernos subnacionales de China. Estos sistemas se desarrollan en el marco de lo que Claudio Feijóo ha denominado «tecno-socialismo»; un intento del régimen de recurrir a nuevas tecnologías como la inteligencia artificial y el *blockchain* para desarrollar sistemas de gobernanza que contribuyan a su estabilidad[2]. Aunque estas iniciativas frecuentemente son presentadas fuera de China como ejemplos de un mundo distópico en el que el gobierno consigue vigilar hasta los detalles más nimios de la vida privada, lo cierto es que, al menos por el momento, su desarrollo está siendo bastante distinto. De hecho, se han suspendido los proyectos piloto que pretendían condicionar la conducta individual más allá del cumplimiento de las leyes, o su participación se ha vuelto voluntaria. En este sentido, los programas públicos de crédito social implementados desde los poderes públicos están orientados esencialmente a conseguir que las empresas cumplan con las regulaciones vigentes.

Entre los programas desarrollados por empresas privadas, destaca el del grupo Alibaba, que, además de los datos que existan sobre un individuo en varias bases de datos gubernamentales, también utiliza datos generados en línea y *offline* por la interacción de los individuos con las múltiples empresas de este grupo en sectores tan variados como el comercio electrónico, los sistemas de pago, los seguros, los préstamos o las plataformas de citas en línea. Las personas con una elevada reputación social dentro de este sistema pueden acceder a ventajas como la reducción o eliminación de un depósito a la hora de alquilar vivienda o un vehículo, mientras que tener puntuaciones bajas puede, por ejemplo, dificultar el acceso a un préstamo. En cualquier caso, hay diferentes movimientos exploratorios por parte del régimen que apuntan a un deseo de aumentar todavía más su capacidad de infiltración ideológica y de control sobre la vida cotidiana de la población. Un caso ilustrativo es la propuesta de enmienda de septiembre de 2023 a la Ley de Sanciones y Administración de la Seguridad Pública, que permitiría detener a alguien hasta dos semanas por llevar en un espacio público «ropa o símbolos dañinos para el espíritu» «o los sentimientos de la nación china»[3].

Este aumento del control del Partido sobre la sociedad también se evidencia en mayores restricciones al margen de maniobra de los medios de comunicación y del debate académico a la hora de expresar análisis críticos con el régimen, así como en unos requerimientos más estrictos a las ONGs y a los grupos religiosos para registrarse, operar e informar de sus actividades.

En cualquier caso, la esfera privada en China y la autonomía de su población para desarrollar su vida al margen del adoctrinamiento ideológico de los poderes públicos sigue siendo demasiado grandes como para hablar de un régimen totalitario. Asimismo, aunque hay una represión férrea de cualquier intento ciudadano de organizarse al margen de los canales establecidos por el régimen, el nivel de violencia y de terror políticos es mucho menor del que caracteriza a los regímenes totalitarios, que exigen constantes muestras públicas de apoyo y en los que la seguridad física de una persona puede quedar seriamente comprometida por no mostrar suficiente fervor en su respaldo a las autoridades.

Un sistema de Partido-Estado

El rasgo más definitorio del sistema político de la RPCh es que es un sistema de Partido-Estado de inspiración leninista encabezado por el PCCh. Esto no ha cambiado en sus casi 75 años de historia, a pesar de múltiples vaivenes políticos. Deng Xiaoping fue una figura especialmente relevante para asegurar esta continuidad pues, cuando capitaneó la transición de un régimen totalitario a otro autoritario, entre 1979 y 1992, en una coyuntura crítica para la permanencia de muchos regímenes comunistas, fijó el mantenimiento del liderazgo del Partido como uno de los límites a las reformas en uno de sus «Cuatro principios básicos»[4].

A pesar de que en China se reconocen oficialmente otros ocho partidos políticos, hablamos de régimen de Partido-Estado porque hay un único partido político que monopoliza el control de los recursos institucionales del Estado y no hay contrapesos a su autoridad. Es decir, no hay división de poderes entre el Partido y otros órganos públicos como el gobierno (Consejo de Estado), que está encabezado por el primer ministro, o los principales órganos legislativos (Asamblea Popular Nacional) y judiciales (Corte Popular Suprema). Lo que hay es una división de trabajo entre ellos en la que el Partido escoge y supervisa a los cargos de todos estos organismos y toma las decisiones que luego codifica la Asamblea Popular Nacional, implementa el Consejo de Estado y cuyo acatamiento garantiza la Corte Popular Suprema. Tampoco existe, por tanto, imperio de la ley, ya que la acción de las máximas autoridades políticas no está supeditada al acatamiento del ordenamiento jurídico, y la Corte Popular Suprema no tiene potestad para pronunciarse sobre la constitucionalidad de las nuevas leyes. Esta misma situación se repite en los diferentes niveles subnacionales de la administración, en los que existen comités del Partido que controlan los gobiernos, las asambleas populares y los tribunales locales.

Asimismo, el Ejército Popular de Liberación es antes un ejército del Partido que del Estado, y así se refleja en su cadena de mando. Todos los oficiales del Ejército Popular de Liberación con un rango superior al de capitán deben ser también miembros del Partido, y la Comisión de Asuntos Militares del PCCh es el órgano que ejerce la máxima autoridad sobre el Ejército. Al haber alcanzado el poder tras una larga guerra civil, el PCCh es muy consciente de la estrecha relación que existe entre el control del Ejército y del poder político. El propio Mao Zedong ya decía años antes de la fundación de la RPCh que «todos los comunistas tienen que comprender esta verdad: "el poder nace del fusil". Nuestro principio es: el Partido manda al fusil, y jamás permitiremos que el fusil mande al Partido»[5].

El dominio del Partido sobre el conjunto del Estado se garantiza a través de diferentes vías, como una preeminencia jerárquica entre los cargos del Partido frente a los del Estado, por ejemplo, el secretario general del Partido frente al presidente de la RPCh y al primer ministro o un secretario provincial del Partido frente al gobernador de la provincia. Asimismo, todos los puestos públicos relevantes son ocupados por miembros del Partido, no solo al más alto nivel político, como la jefatura del gobierno o la presidencia de la Asamblea Popular Nacional, sino también al frente de las empresas públicas, los hospitales o las universidades. En este sentido, la inmensa mayoría de las personas que hace carrera política en China ha pasado a lo largo de su vida por puestos dentro del Partido y de la administración del Estado. Además, hay células del Partido en todos los organismos públicos para tomar decisiones estratégicas y asegurarse de que estos cumplan con las directrices del Partido. En China existen más de 4,6 millones de estas organizaciones de base del Partido, que se distribuyen por todo el país, no solo dentro de los organismos públicos, sino también en empresas privadas, barrios o aldeas, lo que le confiere al Partido una gran capacidad para recibir información y ejercer influencia.

Dentro del organigrama institucional del Partido podemos distinguir un nivel nacional y cuatro locales, teniendo todos ellos una organización similar. De ahí que la explicación del nivel nacional pueda servir de referencia para entender el resto. Cualquiera que haga un mínimo seguimiento de los medios de comunicación internacionales puede percatarse de la enorme expectación que generan los multitudinarios Congresos Nacionales del PCCh, cuya periodicidad es quinquenal, pues conllevan la renovación de los principales cargos del Partido. En estos Congresos, más de 2.000 delegados provenientes de todas las regiones de China y de varios sectores profesionales eligen a los miembros del Comité Central del Partido entre una serie de nominados, seleccionados previamente por instancias superiores del Partido. Los altos cargos del Partido suelen tener una larga trayectoria de gestión pública antes de alcanzar los escalones más elevados en la jerarquía del Partido. Para ello han tenido que destacar dentro de un sistema de promociones altamente competitivo en los niveles inferiores e intermedios del Partido y de la administración, basado en la capacidad de los cargos públicos para mantener la estabilidad social e impulsar el crecimiento económico. Este fuerte componente meritocrático dentro de las instituciones es una de las grandes fortalezas del régimen. De ahí que, una vez que se presupone una alta capacidad a quienes están en disposición de poder optar a los altos cargos dentro del Partido y de la administración, el factor más determinante para ser elegido son las conexiones personales que se hayan conseguido forjar con figuras poderosas del Partido, que valoran ante todo la lealtad política.

El Comité Central cuenta con unos 200 miembros de pleno derecho que, a su vez, ostentan otros puestos destacados dentro del Partido. Normalmente se reúnen una vez al año durante el lustro que dura su mandato para abordar, en este orden, la elección de los miembros del Politburó, del Comité Permanente del Politburó y del secretario general del Partido; los detalles de la primera reunión de la Asamblea Popular Nacional tras la constitución del nuevo Comité Permanente del Partido; las reformas económicas; las reformas legales; y el trabajo ideológico y propagandístico. Los miembros del Comité Central no eligen propiamente quiénes serán los líderes del Partido durante los siguientes cinco años, sino que se limitan a ratificar públicamente a quienes han sido previamente elegidos entre bambalinas por la cúpula del Partido. Esto tradicionalmente incluía a las autoridades salientes y a los principales líderes retirados del Partido, pero ahora está mucho más centralizado en la figura de Xi. Aunque generalmente el Comité Central discute y anuncia políticas más que decidir sobre ellas, esta institución resulta relevante por su papel como correa de transmisión de las políticas del Partido y de receptor de ideas sobre su viabilidad e implementación. Además, su composición es un buen indicador de la coyuntura política en China, de qué grupos ostentan el poder y de qué aspectos priorizan los líderes del régimen en un determinado momento.

El Buró Político también funciona como un comité, aunque menor y más poderoso que el Comité Central. Es considerado el centro de mando del Partido y, por lo general, cuenta con 24 miembros que se reúnen mensualmente. Aunque la mayor parte de sus miembros vive en Pekín, algunos de ellos son secretarios provinciales del Partido fuera de la capital.

El Comité Permanente del Politburó es el principal órgano de poder del Partido y sus miembros, actualmente siete, se reúnen semanalmente. Según los estatutos del PCCh, entre sus miembros deben encontrarse al menos el secretario general del PCCh, el primer ministro, los presidentes de la Asamblea Nacional Popular, de la Conferencia Política Consultiva y de la Comisión Central para la Inspección Disciplinaria. Gracias a este punto —que se enmarca dentro de los esfuerzos iniciados por Deng Xiaoping para institucionalizar el sistema político chino—, este organismo no es simplemente la acumulación de los líderes más poderosos y sus protegidos, sino que aglutina a los principales representantes de los ámbitos burocráticos relevantes para la toma de las principales decisiones políticas del país. En la actualidad el Comité Permanente del Buró Político cuenta con siete miembros: Xi Jinping (secretario general del PCCh, presidente de la RPCh y de la Comisión Militar Central), Li Qiang (primer ministro), Zhao Leji (presidente del Comité Permanente de la Asamblea Nacional Popular), Wang Hunin (presidente de la Conferencia Política Consultiva), Cai Qi (director de la Oficina General del PCCh), Ding Xuexiang (primer vice-primer ministro de la RPCh) y Li Xi (secretario de la Comisión Central para la Inspección Disciplinaria). Aunque las decisiones dentro de este organismo suelen tomarse por consenso, normalmente tiene un número de miembros impar para facilitar que se alcancen mayorías en caso de tener que votar para adoptar una decisión. Cuanto más poderoso sea el líder principal, más fácil será alcanzar decisiones por consenso. El miembro más poderoso del Comité Permanente del Buró Político ostenta también el cargo de secretario general del Partido, que es el puesto de mayor rango dentro del mismo. Además, todos los secretarios generales del Partido posteriores a Deng Xiaoping han aglutinado también la jefatura del Estado, como presidentes de la RPCh, y del Ejército, como presidentes de la Comisión de Asuntos Militares del Partido.

La vigencia del Partido para el conjunto de la población queda patente si nos fijamos en la enorme demanda social existente para entrar en él: unos 20 millones de solicitudes anuales. Las motivaciones para entrar en el PCCh son variadas y pueden ir desde la vocación de servicio hasta la búsqueda de ventajas profesionales, especialmente en el sector público. Sin embargo, solo en torno al 10 % de las peticiones de admisión que recibe el Partido son aceptadas. Y es que, a pesar de sus casi 100 millones de miembros, el PCCh, a diferencia de los partidos políticos de los países democráticos, es muy selectivo a la hora de aumentar su masa social. El PCCh es un partido elitista que recluta a la mayor parte de sus nuevos miembros en las universidades de China, mayoritariamente masculino (más del 70 % de sus miembros son hombres) y que infrarrepresenta severamente tanto a las mujeres como a las minorías étnicas en sus principales órganos de poder. Ninguna mujer ha estado al frente del PCCh y ni siquiera ha sido elegida nunca para formar parte de su órgano colegiado más poderoso, el Comité Permanente del Politburó.

Un régimen político fragmentado y reactivo

Una de las ideas preconcebidas más extendidas sobre el sistema político chino es que el proceso de las políticas públicas está muy centralizado y responde a los designios del líder principal. Es la imagen de un Estado unitario donde todas las decisiones responden a una estrategia perfectamente definida desde las altas esferas del Partido y que es aplicada fielmente por los múltiples organismos del régimen sobre una sociedad sin capacidad de influir políticamente. Esta creencia se ha acentuado durante los mandatos de Xi Jinping dado que concentra más poder que sus dos inmediatos predecesores. Sin embargo, la realidad tiene muchos más matices y el régimen está mucho más fragmentado de lo que podría parecer en primera instancia, de forma que hay margen para la participación en muchos procesos políticos tanto por parte de diversos actores de dentro del régimen como de otros actores sociales.

Lo primero que condiciona qué actores van a participar en un proceso de toma de decisiones políticas es la sensibilidad del tema abordado para el mantenimiento del monopolio del poder por parte del PCCh. Cuanto mayor sea, menor será el número de actores involucrados en el proceso de toma de decisiones y menos factores ajenos a los intereses directos de esas élites políticas serán tenidos en cuenta. Un ejemplo evidente es la protección de las libertades civiles y los derechos políticos de la población china que está completamente supeditada a la voluntad de la cúpula del Partido. Estas cuestiones, al igual que sucede con las crisis que amenazan al régimen, son tratadas generalmente dentro del Comité Permanente del Politburó, con escasa influencia de actores externos, tal vez algunos altos cargos del régimen que no sean miembros de este organismo o líderes retirados del Partido. Un ejemplo muy difundido de esta forma de proceder fue la respuesta inicial del Partido al estallido de la pandemia de la covid-19, cuando se intentó mantener la estabilidad social a toda costa restringiendo de forma draconiana tanto la información como los derechos de la población. Una vez más, ante una situación que puede amenazar su posición de poder, el Partido prefiere pecar por exceso que por defecto.

Por el contrario, en temas menos sensibles sobre los que haya una cierta división de opiniones dentro del régimen se producen procesos de negociación institucional entre diferentes entidades, como ministerios o gobiernos locales, hasta que se llega a un consenso o un actor jerárquicamente superior impone su criterio. Esto es posible porque el Estado chino no es un actor monolítico, sino que la autoridad política está fragmentada tanto vertical como horizontalmente. Aquí se evidencia una cierta división del trabajo entre la cúpula del régimen, encargada de definir las prioridades políticas, y otros actores dentro del sistema político chino que pueden influir sobre cómo se intentan materializar dichas prioridades políticas. Esta fragmentación se ve complicada por las divergencias de los intereses corporativos de diferentes instancias del régimen y por la falta de líneas de autoridad claras.

Tomemos como ejemplo la prioridad de mejorar el medioambiente que se transmite verticalmente desde el poder central a los distintos niveles subnacionales en los que se organiza el aparato institucional del Partido y de la administración del Estado. Esta prioridad no se va a materializar de la misma forma por las autoridades locales de las zonas más desarrolladas del país que por las autoridades de las zonas más pobres. Las primeras, comparativamente, ponen más énfasis que las segundas en la protección del medioambiente, mientras que las segundas favorecen la creación de empleo sobre las consideraciones medioambientales que interpretan como un objetivo a largo plazo. En cuanto a la fragmentación horizontal de la autoridad política, si nos fijamos en los diferentes ministerios del Consejo de Estado, resulta evidente que el Ministerio de Ecología y Medioambiente será más proclive a priorizar la protección del medioambiente frente al desarrollo económico a corto plazo en comparación con los ministerios encargados de la gestión de diferentes sectores de la economía. Estas discrepancias generan tensiones dentro de la administración que pueden dar lugar a un proceso de negociación que acabe generando un resultado aceptable para las partes, como sucedió, por ejemplo, con la construcción de la famosa Presa de las Tres Gargantas tras casi una década de negociaciones que, entre otras cosas, supuso la separación de Chongqing de la provincia de Sichuan. Otras veces es la intervención de una autoridad superior quien cierra el proceso, como cuando Xi Jinping decidió, siguiendo el criterio del Ministerio de Ecología y en contra de los deseos de las grandes empresas energéticas estatales, prohibir que las instituciones financieras chinas siguieran subvencionando plantas de carbón fuera del país.

Es más, las autoridades de la RPCh asumieron desde una fecha temprana, al menos teóricamente, la idea de que las políticas son más eficaces y duraderas si incorporan los intereses y preocupaciones de la población. Esto es lo que Mao definió como la «línea de las masas», cuya implementación frecuentemente se limita a la difusión persuasiva entre la población de las decisiones políticas adoptadas por el régimen. Sin embargo, en aquellas cuestiones que no suponen un desafío directo a la autoridad del Partido, los cargos públicos pueden estar abiertos a integrar el punto de vista de la población en sus políticas. Un caso evidente es el de la contaminación atmosférica, que tradicionalmente estaba lejos de ser una prioridad para el régimen. Nótese que la Agencia Estatal de Protección Medioambiental en China no adquirió rango ministerial hasta marzo de 2008, y que las autoridades chinas se centraban más en restringir la información sobre el deterioro medioambiental que había sufrido el país en su vertiginosa ruta hacia el desarrollo socioeconómico, que en intentar paliarlo o revertirlo. No fue hasta que la publicación de los datos sobre la calidad del aire de Pekín por parte de la embajada estadounidense en esta ciudad comenzó a generar un intenso debate en las redes sociales chinas, que las autoridades de este país comenzaron a divulgar información sobre la concentración de partículas contaminantes en las diferentes ciudades de China y a tomar medidas específicas para reducirla.

Sin embargo, en los sistemas autoritarios resulta particularmente difícil incorporar a la opinión pública en la creación de políticas públicas, ya que las autoridades políticas no quieren rendir cuentas ante la población ni depender de ella para alcanzar el poder o conservarlo. En cualquier caso, durante el periodo reformista el Partido ha adoptado varias medidas que, a pesar de sus limitaciones, han ido orientadas en este sentido. Dos de ellas tienen como principal objetivo aumentar el control del gobierno central sobre la administración local, haciendo que esta última sea más responsable ante la población. La más antigua de estas medidas, desarrollada de forma experimental desde la década de 1980, ha sido el establecimiento de elecciones directas en los niveles más bajos de la administración, como en los comités de los pueblos y aldeas y en algunas asambleas locales. A lo largo de los años se han celebrado regularmente elecciones directas por sufragio universal en más de medio millón de núcleos de población en China con el objetivo de reducir el descontento popular con la administración de los pueblos y aldeas, plagadas de casos de corrupción y movilizaciones de protesta. Esta colusión sistémica entre empresas y líderes locales ha derivado en múltiples problemas, como menores ingresos públicos de los que deberían haberse recibido legalmente, expropiaciones arbitrarias de viviendas y vulneraciones de la normativa laboral y medioambiental. Por aportar un dato que ayuda a cuantificar la magnitud del problema, la siniestralidad laboral en las minas chinas es 15 veces mayor que en las de India por tonelada de carbón extraída, a pesar de que China es un país socioeconómicamente más avanzado que India[6].

Más adelante, en 2007, el gobierno central aprobó normativas sobre Información Gubernamental Abierta para exigir a los gobiernos locales que respondieran a determinadas demandas de información por parte de la ciudadanía. Este paso no solo respondía a algunos de los compromisos adquiridos por China con su entrada en la Organización Mundial del Comercio, sino que también facilitaba a las autoridades centrales asegurarse de que la aplicación local de sus directivas se ajustaba a sus instrucciones y al interés público.

Otros mecanismos similares aplicados en diferente grado dentro del sistema político chino para aumentar la sintonía entre la acción de las autoridades y la opinión pública son los periodos de consulta pública previa sobre los proyectos normativos y algunos proyectos piloto locales de democracia deliberativa. Desde 2001 la Asamblea Popular Nacional comenzó a publicar proyectos de ley para recabar la opinión ciudadana, y desde 2008 se comprometió a hacerlo con todos los proyectos de ley que generara. Algunas de las leyes que afectan directamente a los intereses de la mayoría de los ciudadanos, como la ley de contratos laborales de 2006 o la ley de sanidad de 2009, generaron decenas de miles de comentarios registrados. Más recientemente, a inicios de septiembre de 2023, la propuesta de enmienda de la Ley de Sanciones y Administración de la Seguridad Pública provocó 70.000 comentarios en la primera semana tras su publicación. Además, esta práctica, que ha sido refrendada por Xi Jinping, también ha sido adoptada por el Consejo de Estado y por muchas asambleas locales. Esto se debe al convencimiento de que este proceso reduce una eventual movilización ciudadana posterior en contra de las nuevas leyes y normas aprobadas, y aumenta el apoyo al régimen. Durante el periodo de Xi Jinping se ha reducido la importancia de algunos de estos mecanismos, por ejemplo, aumentando el control de los comités locales del Partido sobre las elecciones por sufragio directo mencionadas anteriormente, a pesar de que hay evidencia científica que apunta a que estas elecciones eran más eficaces que la supervisión del gobierno central para controlar el comportamiento de los líderes locales[7].

Cómo el Partido se perpetúa en el poder

Los medios de comunicación internacionales muestran de forma recurrente el carácter represivo del régimen político chino. Todos tenemos en mente las imágenes del aplastamiento del movimiento estudiantil de Tiananmen, de los campos de reeducación en Xinjiang o de la represión policial en Hong Kong. Las autoridades chinas han demostrado en múltiples ocasiones su firme voluntad de acabar con cualquier atisbo de oposición organizada que pueda poner en peligro su posición al frente del país. Pruebas de ello son la ingente cantidad de recursos que dedican a la seguridad pública, que en 2021 ascendieron a unos 195.000 millones de dólares[8]; y la bajísima puntuación de China en los principales rankings que miden el grado de democracia y libertad política de los países, como el de Libertad en el Mundo, de Freedom House, y el Índice de Democracia Global de *The Economist*.

La represión de la disidencia es un fenómeno consustancial a los regímenes autoritarios, y el encabezado por el PCCh no es una excepción. Sin embargo, un nivel de represión excesivo puede reducir el respaldo del régimen incluso entre sus simpatizantes y entre sus propias élites. Basta con recordar las palabras del que aún era secretario general del PCCh, Zhao Ziyang, cuando, tras conocer que se había decidido declarar la ley marcial en Pekín, se personó en la plaza de Tiananmen para, megáfono en mano, dirigir a los manifestantes un discurso que comenzaba: «Estudiantes, vinimos demasiado tarde. Lo sentimos». O el rechazo de varios generales del Ejército Popular de Liberación a la participación militar en la represión de aquellas protestas.

O más recientemente, las innumerables muestras de denuncia y descontento en redes sociales chinas por las draconianas restricciones impuestas por las autoridades para hacer frente a la pandemia de la covid-19. Por ello, con el fin del maoísmo, el Partido dejó de lado medidas represivas indiscriminadas, como las aplicadas durante varias campañas de masas lanzadas contra diferentes grupos sociales bajo acusaciones como ser «enemigos de clase» o «derechistas». En las últimas décadas el Partido ha optado por una represión más selectiva y reactiva, que se ejerce contra individuos concretos en respuesta a un comportamiento que se considera perjudicial para la estabilidad del régimen. El marco jurídico que se utiliza para amparar esta represión es conscientemente ambiguo, lo que da un alto grado de discrecionalidad a las autoridades a la hora de decidir si reprimen o no un determinado comportamiento. De hecho, el nivel de represión aumenta sistemáticamente en torno a las grandes citas políticas, aniversarios sensibles para el Partido o una coyuntura internacional desestabilizadora. Por ejemplo, ante los Congresos Nacionales del Partido, el aniversario de la masacre de Tiananmen o durante la Primavera Árabe. Además, con Xi Jinping el Estado se muestra menos tolerante con las expresiones de disidencia que sus dos inmediatos predecesores. Por tanto, no es de extrañar que haya aumentado el número de presos políticos no violentos bajo su mandato. Según la Fundación Dui Hua, en agosto de 2023 había 7.520 personas encarceladas por motivos políticos en China[9].

Indistintamente del contexto doméstico e internacional, el Partido reprime sistemáticamente las acciones que percibe como una amenaza directa contra su monopolio sobre el poder político, como la fundación de partidos políticos, organizaciones religiosas y sindicatos independientes. Algunas de las organizaciones y movimientos más significativos son Carta 08 (manifiesto inspirado en la Carta 77 de Checoslovaquia y redactado, entre otros, por el Premio Nobel de la Paz Liu Xiaobo), el Falun Gong (grupo religioso prohibido en China que se opone frontalmente al PCCh y cuenta con multitud de seguidores dentro y fuera de este país), el Nuevo Movimiento Ciudadano (que aglutina desde 2010 a diferentes activistas a favor de los derechos civiles) y el Partido Demócrata Chino (cuyos principales líderes fueron encarcelados en 1998 tras intentar legalizar este partido, que mantiene actividad fuera de China). De ahí que, dejando de lado a los presos políticos de minorías étnicas, fundamentalmente tibetanos y uigures, que son encarcelados por amenazar la integridad territorial de China, la mayor parte de los presos políticos en el país sean personas que abogan por mayores libertades civiles y derechos políticos para la población, que pertenecen a agrupaciones religiosas no registradas o que critican abiertamente los abusos y excesos de las autoridades.

El innegable carácter represivo del régimen del PCCh puede llevarnos a obviar otros dos pilares fundamentales de la estrategia del Partido para mantenerse en el poder: la legitimación y la captación de élites. Como explica Bruce Dickson en su libro *The Dictator's Dilemma*, solo podremos explicar la longevidad del régimen del PCCh si también tenemos en cuenta el enorme éxito de este partido a la hora tanto de legitimarse como de integrar a determinadas élites y actores sociales relevantes dentro de sus bases de apoyo[10].

Existe un amplio consenso entre los principales especialistas mundiales sobre el sistema político al considerar que el PCCh goza de un nivel de legitimidad medio-alto, ya que sus líderes creen en su derecho a gobernar y en su acción de gobierno, que la burocracia, incluyendo el Ejército y las fuerzas de seguridad, le son leales, y que la mayoría de la población apoya o acepta al régimen. Esta creencia compartida por los gobernantes y los gobernados los lleva a sentirse moralmente obligados a obedecer a las autoridades políticas. La legitimidad de estas autoridades no es procedimental, pues, salvo en el nivel más bajo de la administración local, donde sí se celebran elecciones por sufragio directo entre candidatos previamente aprobados por el Partido, el resto de los cargos políticos no depende de la voluntad popular para alcanzar el poder y mantenerlo. Esta legitimidad se basa en el éxito del Partido para presentarse como la organización política capaz de mejorar las condiciones de vida de la población y convertir a China en una gran potencia internacional. No en balde, en las tres últimas décadas China ha sido el único país capaz de pasar de un nivel bajo a un nivel alto en el Índice de Desarrollo Humano, y de ser un paria internacional tras la represión del movimiento estudiantil de Tiananmen a ser considerada unánimemente como la segunda mayor potencia internacional solo por detrás de Estados Unidos. Aunque Deng Xiaoping fue quien puso en marcha este proceso con su política de reforma y apertura, serían sus sucesores quienes lo consolidarían. Basta con observar los datos anuales de la *World Values Survey*, que, por ejemplo, en 2022 mostraba que el 89 % de los chinos confiaba en que las autoridades de su país hacen lo correcto, el porcentaje más alto de los 28 países encuestados, cuya media fue del 51 %[11].

A diferencia de lo que sucedió en otros regímenes comunistas, donde la búsqueda de nuevas fuentes de legitimidad se vio lastrada por la ineficacia de su modelo de desarrollo socioeconómico, las altamente competentes autoridades chinas consiguieron combinar un profundo y acelerado proceso de desarrollo socioeconómico con el mantenimiento de un régimen de Partido-Estado dirigido por el PCCh. Paralelamente, consiguieron complementar estas credenciales desarrollistas con un uso extensivo del nacionalismo. Esta tarea se ha visto facilitada por la exitosa tradición nacionalista del PCCh y por los efectos económicos y políticos que tuvo la súbita liberalización política y económica de países como la Unión Soviética y Yugoslavia, que incluso llevaron a su desintegración. En este contexto comenzó a convertirse en predominante en China, incluso entre los intelectuales y el grueso de la población, el discurso neoconservador que había sido difundido por el PCCh desde inicios de la década de los noventa. Este discurso considera el mantenimiento de un gobierno fuerte como un prerrequisito imprescindible para asegurar la estabilidad social necesaria para impulsar el desarrollo socioeconómico del país y garantizar su integridad territorial. Desde esta perspectiva, un gran porcentaje de la población acepta la limitación de sus libertades civiles y sus derechos políticos a cambio de una mejora sostenida de su nivel de vida y del desarrollo de un proyecto político fuertemente nacionalista con el que se identifica.

Además de estas estrategias de legitimación, el Partido utiliza múltiples mecanismos para captar a diferentes actores sociales que puedan contribuir a la estabilidad del régimen. El más significativo posiblemente haya sido la metamorfosis del PCCh de un partido revolucionario de trabajadores y campesinos a un partido que prioriza la estabilidad, y cuyas políticas han tendido a favorecer a trabajadores públicos, empresarios y población urbana frente a las bases sociales tradicionales del Partido. Este énfasis del PCCh en ensanchar su base social fue particularmente evidente durante el mandato de Jiang Zemin y quedó recogido en su Teoría de la Triple Representatividad, que sirvió para justificar la entrada de empresarios en el PCCh.

Asimismo, el instrumento más específico e influyente del Partido para cooptar actores sociales influyentes es su Departamento de Trabajo del Frente Unido. La función de este organismo es captar tanto dentro como fuera de China a individuos y organizaciones que no forman parte del Partido, como líderes empresariales y religiosos, periodistas, académicos, intelectuales y representantes de minorías étnicas, para garantizar su cooperación con este. Estos individuos reciben protección política e incentivos económicos a cambio de su lealtad y apoyo. Por ejemplo, algunas personalidades empresariales famosas que han estado o están estrechamente vinculadas al Partido son Liu Chuanzhi, Jack Ma, Wang Jianlin y Ren Zhengfei, fundadores respectivos de grupos empresariales mundialmente conocidos como Lenovo, Alibaba, Dalian Wanda y Huawei.

Gobernanza más allá del centro

Aunque formalmente la Constitución china y los estatutos del PCCh manifiestan que la RPCh es un Estado unitario y centralizado, lo cierto es que, debido a sus dimensiones y su diversidad, este país no puede entenderse meramente desde una perspectiva centralista. Hablamos del segundo país más poblado, por unos 1400 millones de personas, el tercero más extenso, con un territorio de 9,5 millones de kilómetros cuadrados, y de la mayor o segunda mayor economía del mundo, según como computemos su producto interior bruto. Esto hace que las escalas territoriales, demográficas y económicas que manejan muchas provincias chinas sean equivalentes a las de un país grande. Por ejemplo, hay 11 provincias chinas que superan los 50 millones de habitantes, siendo cinco de ellas más populosas que Alemania (el país más poblado de la Unión Europea); tres provincias chinas, Xinjiang, Tíbet y Mongolia Interior, tienen una extensión superior al millón de kilómetros cuadrados; y dos de ellas, Cantón y Jiangsu, estarían entre las 15 mayores economías del mundo según su PIB nominal. La consecuencia de ello es que los gobiernos de rango provincial tienen una enorme importancia, como atestigua que 5 de los 7 miembros actuales del Comité Permanente del Politburó tuvieran experiencia como secretarios del Partido en unidades administrativas de rango provincial antes de entrar a formar parte de este órgano.

Si estas magnitudes no fueran suficientes para dificultar un férreo control del gobierno central sobre lo que sucede lejos de la capital, hay que añadir la enorme disparidad socioeconómica y étnica de China. Así lo reflejan, por ejemplo, las grandes variaciones interprovinciales en el Índice de Desarrollo Humano. El mayor contraste se da entre las cuatro regiones que alcanzan un nivel de desarrollo humano muy alto (Pekín, Shanghái, Tianjin y Jiangsu) y las cinco que tienen un nivel medio (Yunnan, Qinghai, Gansu, Guizhou y Tíbet). Es decir, que dentro de China encontramos regiones con un Índice de Desarrollo Humano casi idéntico al de España (Pekín 0,904) y otras con uno equivalente al de Laos (Tíbet, 0,608). Ante estos desequilibrios socioeconómicos, no es de extrañar que haya tensiones entre diferentes zonas del país sobre cómo debe ser la relación entre el gobierno central y los gobiernos subnacionales, siendo las provincias más pobres las más favorables a un gobierno central fuerte con amplias capacidades redistributivas, mientras que las más ricas prefieren una mayor descentralización.

Respecto a la composición étnica, aunque la mayoría han supone un altísimo porcentaje de la población, por encima del 91 %, hay más de 125 millones de chinos que forman parte de una etnia minoritaria. Cuatro de estos grupos étnicos cuentan con más de 10 millones de miembros: zhuang, hui, manchúes y uigures. Además, es llamativo que, con la excepción de Gansu, cuatro de las cinco provincias chinas con un menor Índice de Desarrollo Humano tengan un alto porcentaje de población no han. En cualquier caso, todavía más políticamente sensible que la diversidad étnica es el conflicto identitario que se manifiesta cuando una determinada comunidad no comparte la identidad nacional impuesta desde Pekín. Esta situación se manifiesta con especial intensidad entre grupos no han en Tíbet y Xinjiang, y entre la población de Hong Kong, que es mayoritariamente han.

Ante esta diversidad podemos hablar de múltiples Chinas y nos encontramos con una administración territorial muy compleja. Por debajo del gobierno central encontramos cinco niveles principales de unidades administrativas subnacionales: el de las provincias, las prefecturas, los condados, los pueblos y las aldeas. A esto hay que añadir dos subniveles, subprovincial y subprefectural, y que puede haber diferentes unidades administrativas dentro de un mismo nivel.

Tomemos como ejemplo el nivel provincial, por ser el de mayor rango. Ahí encontramos, además de veintitrés provincias, cinco regiones autónomas, cuatro municipalidades y dos regiones administrativas especiales. Es más, salvo en áreas muy concretas como Hacienda, Asuntos Exteriores y Defensa, no hay una organización administrativa integrada verticalmente que permita un control directo del gobierno central sobre las unidades administrativas de ámbito subestatal. Esto hace que los gobiernos subestatales chinos tengan *de facto* un amplio margen de maniobra a la hora de implementar las directrices que les llegan desde unidades administrativas de rango superior. De ahí que las autoridades nacionales tengan mucha menor capacidad de control sobre la implementación de las políticas públicas de lo que suele presuponerse fuera de China.

Dos tipos de unidades administrativas de especial transcendencia política dentro y fuera de China son las regiones administrativas especiales y las regiones autónomas, ambas de rango provincial. Tras volver a quedar bajo soberanía china, Hong Kong en 1997 y Macao en 1999, estas dos antiguas colonias europeas se han integrado en la RPCh como regiones administrativas especiales, con el derecho a mantener su sistema político y socioeconómico previo durante cincuenta años. Este acomodo institucional refleja el principio de «un país, dos sistemas», propuesto inicialmente por Deng Xiaoping para integrar Taiwán dentro de la RPCh. Los tratados internacionales suscritos por China con el Reino Unido y Portugal para articular la retrocesión de estos territorios a China reconocen que deberán gozar de un «alto nivel de autonomía». De hecho, las regiones administrativas especiales son los gobiernos subnacionales que gozan de una mayor autonomía dentro de China, como evidencia que sean territorios aduaneros independientes que cuentan con su propia moneda y su propio pasaporte. Teóricamente, en estas regiones administrativas especiales las únicas competencias directamente en manos del gobierno central son Defensa y Asuntos Exteriores. En la práctica, la interferencia de las autoridades de Pekín es mucho mayor, como ha quedado evidenciado con especial claridad en Hong Kong en los últimos años.

Cuando Hong Kong y Macao se integraron dentro de la RPCh, su población, especialmente los hongkoneses, gozaban de un nivel de desarrollo socioeconómico, de libertades civiles y de derechos políticos mucho mayor que el de la China continental. En aquel momento, cuando la economía hongkonesa suponía el 16 % de la china e internacionalmente imperaba una hegemonía incontestable de las democracias liberales, era frecuente encontrar análisis que vaticinaban un posible efecto transformador de Hong Kong en el conjunto de China. De esta manera, se sugería que la excolonia británica condicionaría significativamente la evolución del conjunto del país de forma que asistiríamos a una especie de «hongkonización» de China. Sin embargo, durante el segundo mandato de Xi Jinping hemos asistido a una aceleración de la asimilación de Hong Kong al resto de China con una reducción muy significativa de su autonomía. La Asamblea Popular Nacional ha jugado un papel fundamental en este proceso, aprobando la conocida como Ley de Seguridad Nacional de Hong Kong en junio de 2020 y una reforma electoral de Hong Kong en marzo de 2021. La Ley de

Seguridad Nacional, además de permitir el establecimiento de las agencias de seguridad chinas en Hong Kong y garantizarles jurisdicción, establece un marco penal muy severo para delitos que se tipifican de manera vaga, como los de secesión, subversión o colusión con fuerzas extranjeras, que se están usando para acallar voces disidentes en el panorama político, mediático y social hongkonés. Esto se tradujo en la reforma electoral posterior que, entre otras cosas, anunciaba la creación de un Comité de Revisión de la Elegibilidad de los Candidatos, para filtrar a los aspirantes a cargos políticos en Hong Kong, lo cual ha reducido notablemente el pluralismo político en esta región al haberse utilizado para inhabilitar políticamente a destacadas figuras del movimiento prodemocrático y nacionalista hongkonés.

El principal motivo por el que las autoridades chinas han acelerado la asimilación de Hong Kong al resto de China es su preocupación por una serie de tendencias sociopolíticas que consideraban que se habían convertido en estructurales: una pérdida sostenida de la confianza de la población local en las instituciones y un creciente porcentaje de la población, particularmente alto entre los jóvenes, que manifiesta una identidad nacional hongkonesa y no se identifica a sí mismo como chino. Siendo el nacionalismo una de las principales fuentes de legitimidad del régimen, cualquier desafío al proyecto nacional del PCCh es de una enorme sensibilidad política. Esto engarza con la cuestión de las regiones autónomas y la política del Partido hacia las minorías.

En la RPCh hay cinco regiones autónomas: Guangxi, Mongolia Interior, Ningxia, Tíbet y Xinjiang. Estas regiones se caracterizan porque una parte importante de su población es de un grupo étnico distinto al han. A pesar de esta denominación, no gozan de un mayor nivel de autonomía del gobierno central que las provincias ordinarias. La principal diferencia institucional es que en las regiones autónomas un porcentaje de los cargos políticos está reservado a los miembros de la etnia originaria de la región en cuestión. El mantenimiento del control sobre los territorios tradicionalmente habitados por las minorías étnicas tiene un enorme peso político, dado que el PCCh se presenta ante su población como garante de la integridad territorial de China. De ahí que la política hacia las minorías étnicas sea un área de gran peso político, reservada al número cuatro en la jerarquía del Partido.

Cuando Xi Jinping llegó al poder, la política del PCCh de China hacia las minorías étnicas tenía dos caras claramente diferenciadas. Por una parte, un trato preferencial en múltiples campos, que ofrece incentivos positivos para que quienes pertenezcan a una minoría étnica sean leales al régimen. Por ejemplo, los estudiantes pertenecientes a una minoría étnica pueden acceder a estudios universitarios con notas de corte más bajas que los estudiantes han y solicitar becas y programas de ayuda financiera específicos; en zonas con un alto peso demográfico de minorías, se han establecido cuotas de contratación y programas de ayuda para la apertura y el desarrollo de negocios específicos para estos grupos; y tradicionalmente, las minorías disfrutaban de una política de control de natalidad más laxa que los han. En esta misma línea, el Partido preserva y promociona algunos rasgos culturales propios de las minorías étnicas, como fiestas tradicionales y lugares históricos, y ofrece educación pública en idiomas minoritarios. Por otro lado, las autoridades chinas ejercen una represión sin contemplaciones contra cualquier movimiento que abogue por una mayor autonomía o independencia de estos territorios, incluyendo la pena de muerte por el delito de «separatismo».

En términos generales, esta política ha sido bastante exitosa, salvo en Tíbet y Xinjiang, donde existe un fuerte descontento entre sectores significativos de la población tibetana y uigur con el estatus de estos territorios dentro de la RPCh y con la llegada masiva de población han. No es casual que sean precisamente estos grupos los que muestran un mayor rechazo a su integración dentro de la RPCh, ya que son etnias con un alto número de miembros (en el mundo viven unos 21 millones de uigures y unos 7 millones de tibetanos), con una concentración importante de población en estas regiones (casi 12 millones de uigures en Xinjiang y 3 millones de tibetanos en Tíbet), con un idioma, una cultura y una religión claramente diferenciados de los de la mayoría han, y una larga tradición de independencia política frente al gobierno central de China.

Este descontento se manifiesta de múltiples formas, desde actos cotidianos de desobediencia civil, a inmolaciones, estallidos de violencia intercomunal, como los acaecidos en Lhasa en marzo de 2008 y en Urumchi en julio de 2009, y ataques terroristas, que se han saldado con centenares de muertos y heridos y miles de detenidos. Esta situación generó una enorme alarma entre la población han que demandaba medidas más severas para garantizar la seguridad y la estabilidad social. En esta línea, Xi Jinping ha reforzado la importancia de la seguridad, la lucha contra el terrorismo y el adoctrinamiento ideológico dentro de la estrategia de su gobierno hacia Xinjiang y las minorías étnicas. Esto se ha traducido en mayores restricciones sobre las libertades civiles y los derechos culturales de la población uigur y de otras minorías musulmanas, un mayor control sobre la población con sistemas de videovigilancia apoyados por nuevas tecnologías como la inteligencia artificial y el reconocimiento facial, detenciones arbitrarias masivas y una intensa campaña de adoctrinamiento. Uno de los elementos más controvertidos de esta política es el establecimiento de numerosos campos de reeducación por los que han sido obligados a pasar un porcentaje significativo de los uigures adultos de Xinjiang, con estimaciones que superan el millón de personas, y en los que se han documentado casos generalizados de tortura y maltrato. La situación es tan dramática que un informe de la Oficina del Alto Comisionado de las Naciones Unidas para los Derechos Humanos de agosto de 2022 habla de posibles crímenes contra la humanidad[12].

Taiwán

A diferencia de lo sucedido con Hong Kong y Macao, el PCCh no ha sido capaz de hacerse con el control de la isla de Taiwán y el resto de los territorios controlados por la República de China. El conflicto del estrecho de Taiwán es fruto de una guerra civil inconclusa iniciada hace casi un siglo entre el KMT y el PCCh. Con la huida del gobierno de la República de China a la isla de Taiwán, la fundación de la RPCh y la retirada del apoyo militar estadounidense a Chiang Kai-shek, parecía una mera cuestión de tiempo que el Ejército Popular de Liberación pudiera organizar un asalto anfibio. Sin embargo, la guerra de Corea modificó la postura del presidente Truman, quien envió a la Séptima Flota estadounidense a patrullar regularmente el estrecho de Taiwán. Esto impidió *de facto* cualquier intento comunista de acabar con la República de China, que había establecido su nueva capital en Taipéi. Paralelamente, la Casa Blanca nunca se decidió a respaldar los planes de Chiang Kai-shek de reconquistar la China continental, por lo que el conflicto quedó congelado ante la imposibilidad de cualquiera de las dos partes de derrotar completamente a la otra.

A diferencia de otros Estados divididos durante la Guerra Fría como Alemania (en la República Democrática Alemana y en la República Federal de Alemania), y Corea (en la República de Corea y la República Democrática de Corea), en el caso de China los gobiernos enfrentados no permitían el doble reconocimiento. Cuando se funda la RPCh y comienza a ser reconocida oficialmente por otros Estados, el gobierno de la República de China decide romper relaciones diplomáticas formales con aquellos países que optaron por reconocer al gobierno de Pekín. La decisión de Chiang Kai-shek fue fruto de un error de cálculo motivado por el gran respaldo internacional del que gozaba su gobierno, que era el único representante de China en la Organización de las Naciones Unidas y uno de los cinco miembros permanentes de su Consejo de Seguridad.

Esta competencia diplomática entre los gobiernos de Pekín y Taipéi por ser reconocidos como el único gobierno legítimo de toda China estuvo muy condicionada por las dinámicas de la Guerra Fría. Tras su fundación, la RPCh estaba alineada internacionalmente con la Unión Soviética, con la que firmó el Tratado de Amistad, Alianza y Ayuda Mutua en febrero de 1950, de ahí que la mayoría de los primeros reconocimientos internacionales que recibió el régimen de Mao vinieran del bloque soviético y de países afines. Asimismo, el proceso de descolonización de gran parte de África y Asia, unido a la evidente asimetría en el territorio y la población que controlaban Pekín y Taipéi, y al acercamiento entre la RPCh y Estados Unidos a principios de la década de 1970, propició que muchos gobiernos que no eran ideológicamente afines optasen por establecer relaciones diplomáticas con la RPCh y su entrada en la Organización de Naciones Unidas en detrimento de la República de China. Así queda recogido en la resolución 2758 de la Asamblea General de la Organización de Naciones Unidas, que el 25 de octubre decidió reconocer a los representantes del gobierno de la RPCh como «los únicos representantes legítimos de China en las Naciones Unidas, así como expulsar inmediatamente a los representantes de Chiang Kai-shek del puesto que ocupan ilegalmente en las Naciones Unidas y en todos los organismos con ellas relacionados». A partir de ahí el número de países que mantenían relaciones diplomáticas oficiales con la República de China se redujo rápidamente. Al finalizar 2021, la República de China en Taiwán apenas contaba con 14 aliados diplomáticos, la mayoría de ellos con muy escasa influencia internacional: Belice, Guatemala, Haití, Honduras, Islas Marshall, Nauru, Palaos, Paraguay, San Cristóbal y Nieves, Santa Lucía, San Vicente y las Granadinas, Suazilandia, Tuvalu y el Vaticano. En este contexto, no obstante, puede decirse que la República de China es un Estado independiente *de facto* pues, aunque no goza del reconocimiento de la comunidad internacional, sus autoridades gobiernan de una forma efectiva la isla de Taiwán, otras islas circundantes y la población que habita en estos territorios.

Este evidente retroceso en el espacio internacional de la República de China contrasta con transformaciones internas económicas, sociales y políticas muy positivas. La cuantiosa ayuda económica ofrecida por Estados Unidos, una exitosa reforma agraria y un acelerado proceso de industrialización basado en la sustitución de importaciones obraron lo que se dio en conocer como «el milagro taiwanés». La economía de Taiwán creció a un ritmo cercano al 9 % entre 1952 y 1982, a la vez que se redujeron de manera drástica las desigualdades sociales y mejoraron sustancialmente los servicios públicos. Esto se tradujo en un aumento generalizado del nivel de vida, como queda reflejado en el espectacular salto de la esperanza de vida media de los taiwaneses de 57,21 años en 1952 a los 71,8 treinta años después[13]. El crédito político ganado por el KMT gracias a estos avances le permitió encabezar un proceso de transición democrática que puso fin a su medio siglo de dictadura sobre Taiwán.

Chiang Kai-shek y Francisco Franco fueron dos líderes con enormes similitudes, más allá del año de su muerte, 1975. Ambos dictadores tuvieron una carrera militar meteórica y fueron fervientes anticomunistas, que al morir dejaron un legado de enorme represión política y significativo desarrollo socioeconómico. En el caso de Taiwán, como la oposición al régimen era más débil que en España, la transición a la democracia no comenzó hasta 1986, cuando Chiang Ching-kuo, hijo de Chiang Kai-shek, toleró la creación de un partido opositor, el Partido Democrático Progresista (PDP). A partir de ahí se abrió un periodo de democratización que culminó una década después con la celebración en 1996 de unas elecciones presidenciales libres, competitivas y honestas, para escoger al nuevo jefe de Estado de la

República de China. Dichas elecciones fueron ganadas con claridad por el candidato del KMT, Lee Teng-hui, lo que evidenciaba el éxito de este partido al pilotar un profundo proceso de transformación política, en el que ni siquiera tuvo que modificar sus siglas para ganar el apoyo mayoritario de los electores taiwaneses tras más de 45 años de gobierno autoritario. La salud de la joven democracia taiwanesa se puso rápidamente a prueba con la victoria del PDP en las elecciones del año 2000. La aceptación de la derrota por parte del KMT, con su salida del poder tras más de 70 años, permitió la consolidación de la democracia en Taiwán.

La democratización de Taiwán propició un cambio muy significativo en la identidad de la población de la isla, ya que, al igual que sucede en muchas sociedades multiétnicas, la identidad nacional se convirtió en el eje vertebrador de la competencia electoral. El principal partido de la oposición, el PDP, era consciente de la gran popularidad de la que gozaba el KMT como partido de gobierno y el rédito político que estaba extrayendo de tutelar la transición hacia la democracia. En ese contexto, el PDP tenía que buscar un tema en el que partiera desde una posición ventajosa respecto al KMT y lo encontró en la identidad nacional. Durante el periodo autoritario del KMT, en Taiwán resultaba evidente el choque identitario entre quienes emigraron a la isla desde China tras el final del periodo colonial japonés (1895-1945), en torno al 15 % de la población, y quienes habitaban allí antes del final de la Segunda Guerra Mundial. Durante el periodo autoritario, el KMT impuso una identidad nacional china, en la que Taiwán ocupaba un lugar periférico. En ese contexto, se daba por hecho que el territorio y la población administrados por la República de China formaban parte de China, y la disputa con el PCCh se centraba en dirimir quién debía gobernar ese país. Sin embargo, las políticas sinizantes del KMT fueron desapareciendo a medida que el PDP apelaba a una identidad nacional taiwanesa que rápidamente se hizo hegemónica[14]. Nótese que en 1992 solo el 17,6 % de los habitantes de Taiwán se identificaban como exclusivamente taiwaneses, mientras que el 25,5 % lo hacían como chinos y el 46,4 tenía una identidad mixta. Ocho años después, cuando el PDP gana por primera vez las elecciones, el 37 % de la población taiwanesa se identificaba exclusivamente como taiwanesa, un 12,5 como china y el 44 % con una identidad mixta. Esta transformación identitaria se fue profundizando en los años posteriores, a medida que las personas que huyeron a Taiwán con el KMT iban falleciendo y el nuevo gobierno difundía un discurso nacional centrado en Taiwán en vez de en China. Así, en 2022 el 63,7 % se declaraba como exclusivamente taiwanés, el 30,5 como chino y taiwanés, y apenas el 3,5 % como exclusivamente chino. Esto ha hecho que el conflicto entre los gobiernos de Pekín y Taipéi haya dejado de centrarse en quién debe gobernar China para centrarse en cuál es la relación entre China y Taiwán, pues una amplia mayoría de los 23 millones de habitantes de la República de China ni se considera china ni apoya la integración política entre China y Taiwán. El 85 % de los taiwaneses rechaza la política de «un país, dos sistemas» propuesta desde Pekín para integrar Taiwán dentro de la República Popular China, y apenas el 6,4 % de los taiwaneses apoyaba la unificación con China lo antes posible o mantener el *statu quo* y moverse hacia la unificación. Esto no resulta extraño si tenemos en cuenta la enorme brecha socioeconómica y en el disfrute de derechos y libertades entre las dos orillas del estrecho de Taiwán. Sirva como ejemplo que Taiwán ocupa el octavo lugar en el 2021 Democracy Index y cuenta con un Índice de Desarrollo Humano de 0,91, ligeramente superior al 0,9 de España y muy superior al 0,76 de China.

3. Economía y sociedad

Para poder analizar con cierta profundidad un país debemos conocer sus claves socioeconómicas. Dado que China es uno de los dos gigantes demográficos del planeta, con unos 1400 millones de habitantes, y que su economía es la mayor de todas si la medimos en paridad de poder adquisitivo, estas claves socioeconómicas también son esenciales para entender el mundo en el que vivimos y que frecuentemente interpretamos sin mirar más allá de Occidente. Como explicaremos en este capítulo, dicha perspectiva resulta claramente insuficiente para aproximarnos a China, pues muchos de sus procesos socioeconómicos no se desarrollan siguiendo los patrones que han sido hegemónicos en los países occidentales.

Capitalismo de Estado

El proceso más relevante de la economía china en las últimas cuatro décadas ha sido su espectacular crecimiento, que ha llevado al país a situarse como la segunda mayor economía del mundo desde 2010, y la primera en términos de paridad de poder adquisitivo desde 2014. Estamos hablando de un crecimiento económico de dimensiones sin precedentes, con un promedio anual cercano al 10 %, y que ha desafiado las tendencias macroeconómicas globales, pues la economía china ha capeado mejor que el resto de grandes economías periodos particularmente turbulentos, como la crisis financiera de Asia de 1997, la global de 2008 y la provocada por la covid-19.

En estos cuarenta años China ha pasado de ser un país rural, aislado y de renta baja, similar a la de países como la República de Guinea, la República Centroafricana, Sierra Leona, Tanzania o Uganda, a acumular el 18,5 % del producto interior bruto del planeta, convertirse en el principal motor de la economía mundial, el mayor exportador de bienes y emisor de gases de efecto invernadero del mundo, y ser el país con el segundo mayor presupuesto en defensa. Es decir, este vertiginoso ritmo de crecimiento económico es el principal factor que está detrás de la enorme trascendencia que ha adquirido China para el resto de la comunidad internacional.

Esta profunda transformación socioeconómica no ha sido azarosa, sino que está estrechamente vinculada a las políticas implementadas por las autoridades chinas desde finales de la década de 1970. En aquel momento destacó la figura de Deng Xiaoping, quien se apartó del legado maoísta promoviendo gradualmente la internacionalización y la liberalización de la economía en detrimento del anterior modelo de economía planificada. Se pasaba así a un modelo económico pragmático, bautizado posteriormente como «economía socialista de mercado», que adoptaba elementos propios del capitalismo, y anteponía el crecimiento a la ortodoxia ideológica, la autosuficiencia y el igualitarismo. Esta nueva filosofía económica quedó sintetizada en varios aforismos del propio Deng como «No importa que el gato sea negro o blanco mientras cace ratones» o «Enriquecerse es glorioso».

El innegable éxito de este modelo de desarrollo ha propiciado un intenso debate sobre su naturaleza dentro y fuera de China, fundamentalmente sobre su carácter novedoso y sobre su viabilidad para ser adoptado por otros países. Tras la caída de la Unión Soviética, se consideraba que el neoliberalismo era la forma natural de enriquecimiento de los Estados y de sus ciudadanos, y que un país que desarrollara una economía de libre mercado acabaría necesariamente adoptando un régimen político democrático. Sin embargo, China ha tenido un desempeño económico excelente siguiendo un modelo que podemos definir como capitalismo de Estado, que da a sus autoridades el papel de director de orquesta no solo de la empresa pública, cuyo peso dentro del conjunto de la economía se había visto reducido hasta un 30 %, sino también de la privada, con intromisiones constantes en su desarrollo y proyectos. En el tablero de la discusión está si el sistema chino es característico solo de China o si sigue algunos patrones previamente establecidos. Se ha argumentado de forma convincente que el actual sistema económico chino coincide con los principios clásicos del capitalismo de Estado, cuyo origen estaría en la teoría de Friedrich List, quien abogaba por que las autoridades políticas pusieran coto al libre mercado para defender los intereses nacionales frente a los de actores económicos particulares nacionales y extranjeros[1].

En el caso de China no podemos separar la política económica de las características de su sistema político y, sobre todo, de la omnipresencia del PCCh, que también se materializa en la regulación y la planificación de la economía, donde destaca el mantenimiento de los planes quinquenales. Hablamos de un capitalismo de Estado en el que es el partido quien marca cuáles son los intereses nacionales y que ha sido capaz de movilizar una enorme cantidad de recursos generados por el trabajo de la población para invertirlo en activos productivos como infraestructuras, capital humano y tecnología, lo que ha permitido una acelerada sofisticación del tejido productivo chino.

El Partido ha situado la economía en el centro del contrato social, lo que supone un arma de doble filo. Por un lado, contribuye a sustentarlo en el poder cuando la economía crece adecuadamente, pero, por el otro, erosiona su legitimidad si el desempeño económico no cumple las expectativas de la población. De ahí que el PCCh evite sistemáticamente que surjan poderes económicos independientes que, priorizando sus intereses sobre los del Partido, pudieran cuestionar *de facto* o explícitamente el monopolio que este tiene sobre el poder político. Esta decisión se ha visto refrendada durante el periodo de Xi Jinping debido a su énfasis en reforzar la autoridad del Partido en todos los ámbitos, entre los que se ha explicitado el sector privado de la economía, y por el amplio consenso dentro del mismo a la hora de vincular las últimas crisis económicas mundiales a los excesos del neoliberalismo. Por consiguiente, aunque sea el sector privado y no el público quien contribuye mayoritariamente a la economía de China, el control que ejercen las autoridades chinas sobre el conjunto de la economía, incluyendo las empresas privadas, es muy férreo. Para ello se sirven de múltiples mecanismos, algunos de los cuáles hacen que la gobernanza corporativa en China sea muy diferente a la de otras grandes economías, en las que el mercado tiene un mayor protagonismo y hay una relación más equilibrada entre el poder político y el poder económico. Por ejemplo, en China, el derecho mercantil es menos garantista con los derechos de las empresas y más exigente con sus obligaciones frente al Estado que en las economías de mercado. Sirva para ilustrar este punto la Ley de Seguridad Nacional de 2017, que establece la obligación de las empresas chinas, incluso cuando estén operando en el extranjero, y de las empresas extranjeras que operan en China, de colaborar con los servicios de inteligencia chinos cuando así se les requiera. Otra vía es la presión directa sobre los empresarios chinos a través de los servicios de inteligencia y seguridad del Estado. Han sido muy sonadas las desapariciones temporales de figuras empresariales chinas como Jack Ma, Guo Guangchang, Zhou Chengjian o Ren Zhiqiang, que han sido interpretadas como una llamada de atención a las élites económicas díscolas para que no olviden su vulnerabilidad frente al Partido. Por último, también debe mencionarse la proliferación de células del Partido y de sus funciones dentro de las empresas privadas bajo el mandato de Xi. Esta creciente influencia de las células del PCCh, incluso dentro de empresas extranjeras establecidas en China, se ha materializado tanto en la modificación de los estatutos sociales de muchas empresas como en la incorporación de miembros del Partido en sus órganos directivos. Otra vía utilizada por las autoridades para colocar personas afines en los órganos de gobierno de las empresas privadas ha sido la adquisición de las llamadas «acciones de gestión especial», que confieren formalmente un importante poder ejecutivo a cambio de una contribución económica simbólica al capital de la empresa.

Además, el régimen también ha utilizado de manera activa vías menos coercitivas para condicionar el comportamiento de las empresas. Aquí podemos destacar una cuantiosísima política industrial centrada en desarrollar sectores de la economía que las autoridades consideran clave para aumentar la competitividad de las empresas chinas y/o para reducir su dependencia de actores económicos extranjeros en sectores estratégicos.

Esta estrategia de apoyo al desarrollo de capacidades tecnológicas nacionales está recogida en el plan *Made in China 2025*, que, por ejemplo, aspira a que para ese año China no deba recurrir a las importaciones para cubrir más del 30 % de su demanda de semiconductores. Para lograrlo, este sector se ha beneficiado de los fondos del «Big Fund» (National Integrated Circuits Industry Development Investment Fund), creado en 2014, y que según datos de SIA (Semiconductor Industry Association), hasta mediados de 2021 había canalizado 73.000 millones de dólares a las empresas de este sector, que también habían recibido otros 50.000 millones en concepto de subvenciones, inversiones de capital y préstamos a bajo interés de carácter público[2].

Las grandes empresas tecnológicas chinas encarnan esta doble inquietud de los poderes públicos de sofisticar el tejido productivo para aumentar el protagonismo de actividades de alto valor añadido, y hacerlo así más resiliente a las crecientes tensiones geoestratégicas entre China y algunos de sus principales socios económicos, especialmente Estados Unidos y sus aliados. Aquí, sobresalen, además de Huawei, auténticos gigantes como Tencent, propietario de WeChat (el mayor canal de comunicación digital de China), o Alibaba, propietaria de Alipay (la forma de pago más utilizada en todo el país). Hablamos de empresas que, gracias a un pacto tácito con las autoridades, se han vuelto prácticamente imprescindibles para el día a día del ciudadano chino. En la actualidad, la vida resulta prácticamente imposible en China sin las aplicaciones móviles necesarias para pagos y cobros, establecer una red de contactos, pedir un taxi o comprar comida a domicilio. En el año 2015, el ejecutivo chino autorizó a algunas empresas, entre las que se hallaban Tencent o Alibaba Group, a realizar pruebas de programas de crédito social, con la identificación de empresas y ciudadanos, estableciendo así un grupo de beneficiados que podrían optar a facilidades tales como mejores créditos financieros o simplemente descuentos en viajes, junto a otro grupo de «penalizados» que podrían ver mermados sus créditos o incluso sus opciones para tomar un vuelo. Esta colaboración entre empresa, gobierno y banca ha creado un triángulo en el que se juntan tres intereses simultáneos: los empresariales, por distinguir consumidores y empresarios problemáticos; los gubernamentales, por establecer un sistema que dé confianza, muy dañada para el ciudadano, en el sistema y en su capacidad de penalizar cuestiones tales como la producción de alimentos de peligrosa calidad; y los bancarios, siempre preocupados por la seguridad del crédito. Es muy llamativo el contraste en la recepción de este sistema dentro y fuera de las fronteras de China, donde se ha puesto el acento en su carácter distópico como herramienta de control social.

Es de destacar que las empresas que colaboran en este círculo obtienen un monopolio sobre la demanda en su sector envidiable para cualquier empresa.

También son destacables los incentivos públicos para la internacionalización de las empresas chinas, siempre y cuando sus proyectos estén alineados con los intereses geopolíticos de Pekín. Así pues, hacia dónde camina la economía china tiene mucho que ver con la estrategia de perpetuación en el poder del PCCh y con la proyección exterior que el partido quiera dar a la economía del país.

¿De un crecimiento vertiginoso a un crecimiento sostenible?

China se ha convertido en las dos últimas décadas en la fábrica del mundo gracias a su enorme capacidad de producción con una relación calidad-precio imbatible para otros competidores. Este espectacular desarrollo del sector industrial ha supuesto la generación de numerosos empleos de calidad y propiciado un espectacular crecimiento de los salarios durante el primer decenio del siglo XXI, al menos de un 13,4 % anual[3]. Al igual que sucediera en Europa en las décadas de 1950 y 1960, o a Japón en la de 1980 y a Corea del Sur en la de 1990, en China la población ha alcanzado un nivel de ingresos suficiente para que esté aumentando significativamente su demanda de servicios. La economía china ha pasado de ser una economía marcadamente industrial (48,6 % del PIB en 2008 frente al 40 % del sector servicios), a una economía de servicios (52,8 % del PIB en 2022 frente al 39,9 % del sector secundario). Esto supone un freno estructural al ritmo de crecimiento económico, pues en el sector servicios no crece la productividad con la misma celeridad que en el sector industrial cuando se dan las condiciones adecuadas que se daban en la China reformista.

Sin embargo, el sistema de desarrollo de las primeras décadas del periodo reformista, basado en una mano de obra barata y fuertes inversiones, ha dejado de ser sostenible debido a que ha generado una situación de sobrecapacidad en la que la oferta supera a la demanda en muchos sectores. De nuevo, estamos ante un freno estructural al crecimiento dado que la población china está envejeciendo rápidamente y decreciendo. Un ejemplo claro del impacto económico de estas tendencias es el sector de la construcción, que supone en torno al 7 % del PIB chino, y ha generado una burbuja inmobiliaria que afecta a muchas ciudades. El reciente descalabro de importantes constructoras —particularmente el Evergrande Group, cuya imposibilidad para afrontar su deuda de 300.000 millones de dólares, le llevó a dejar de cotizar en bolsa en enero de 2022— ha dejado al descubierto un problema de enormes dimensiones. Según el grupo bancario ANC, más de 200.000 millones de dólares en préstamos están vinculados a proyectos inmobiliarios inacabados[4], cuyo futuro es muy incierto ahora que se han endurecido las condiciones para la concesión de créditos hipotecarios. De momento, menos en casos concretos, las autoridades centrales han optado por traspasar los rescates a las propias autoridades regionales. Este fin de ciclo también afecta a la estabilidad financiera de muchas familias que se han endeudado para invertir en el mercado inmobiliario.

Tanto en la época de Deng Xiaoping como en la de Jiang Zemin se puso el énfasis en maximizar el ritmo de crecimiento económico. Esto no solo generó un aumento generalizado del nivel de desarrollo socioeconómico de la población, sino también una acentuación de sus propios excesos como corrupción, desigualdades sociales y crisis medioambiental. De hecho, desde mediados de la década de 1980 hasta inicios del siglo XXI, estas desigualdades no hicieron sino aumentar. El coeficiente Gini —que es un número entre 0 y 1 que mide la desigualdad en la distribución de la renta, donde 0 se corresponde con la perfecta igualdad (todos tienen los mismos ingresos) y 1 se corresponde con la perfecta desigualdad (una persona acapara todos los ingresos)— pasó de 0,28 en 1981 a 0,38 en 1995 y a 0,458 en el año 2000[5], lo que según los estándares internacionales equivale a un nivel de «disparidad absoluta». Uno de los factores que contribuyó a ello fue que, en su afán por acelerar el crecimiento macroeconómico, Deng y Jiang destinaron una parte desproporcionadamente alta de recursos públicos a las zonas que ya eran las más desarrolladas del país. Pensaban que invertir en la construcción de infraestructuras en la franja costera era la forma más eficaz de atraer inversión extranjera, y que esto serviría como polo de desarrollo para otras regiones.

Los marcados desequilibrios sociales de esta estrategia, unido a su enorme impacto medioambiental, llevaron a su sucesor, Hu Jintao (2002-2012), a introducir el componente de la sostenibilidad dentro del modelo de desarrollo chino. Esto dio lugar a conceptos como «sociedad armoniosa» (mantenimiento de la cohesión social) y «desarrollo científico» (sostenibilidad ecológica). Un claro ejemplo de la mayor importancia que se le concedió a la sostenibilidad en este periodo fue que el máximo órgano administrativo encargado de la política medioambiental en China obtuvo rango ministerial en 2008, convirtiéndose así la Agencia Estatal de Protección Medioambiental en el Ministerio de Protección Medioambiental. A pesar del avance innegable que supuso la inclusión de la sostenibilidad como un factor relevante en la política económica de China durante el gobierno de Hu Jintao, la sensación imperante entre la cúpula dirigente era que el talante conciliador de Hu le había impedido acometer una serie de reformas económicas cada vez más acuciantes.

Tras el tercer pleno del XVIII Comité Central del PCCh, en noviembre de 2013, se publicaron las líneas maestras de la política económica de Xi Jinping, orientadas a evitar las fallas de un sistema económico que se estaba agotando. El aumento sostenido de los salarios y el objetivo de convertir a China en un país de renta alta hacían inviable que las actividades intensivas en mano de obra barata orientadas a la exportación siguieran siendo el motor de la economía. Por tanto, se hacía imprescindible aumentar el peso de las actividades de alto valor añadido dentro del tejido productivo y del mercado interno chinos dentro de sus vectores de crecimiento económico. El necesario aumento de la inversión en investigación y desarrollo y los consiguientes avances de empresas tecnológicas como Huawei o Xiaomi formarán parte de este nuevo paradigma económico provocando una intensa competencia con las empresas occidentales. En el último ranking de innovación de 2022, China se encuentra en el puesto 11, con 55,3 puntos. China está siguiendo una línea ascendente desde los últimos años y apenas está a menos de tres puntos del quinto puesto, ocupado por Países Bajos (58 puntos). Estados Unidos ocupa la segunda posición con 61,8 puntos, siendo la primera para Suiza (64,6)[6]. La progresión ascendente de China, y el estrecho margen entre los países en la cabeza de la lista, hace presagiar una rápida evolución en la clasificación para los próximos años. La decisión del Gobierno estadounidense en 2022 de prohibir la venta de semiconductores a algunas empresas tecnológicas chinas ha sido un golpe difícil de digerir de cara a esta ambición, que pretende colocar a China en la primera posición global en producción de alta tecnología del mundo.

Además del desarrollo tecnológico, uno de los grandes caballos de batalla del ejecutivo chino para reducir la dependencia de China del exterior es potenciar el mercado interno. Sin embargo, este objetivo se está viendo dificultado por diferentes situaciones, paradójicamente, algunas claramente vinculadas a políticas gubernamentales. Por ejemplo, la política de covid cero, implementada desde el inicio de la pandemia en febrero de 2020 hasta enero de 2023, ha lastrado al consumo. Aunque esta política ha sido el obstáculo más visible al desarrollo del consumo doméstico, otro factor muy significativo, y que sigue estando vigente, es el elevado endeudamiento familiar. La deuda china ha sido objeto de atención por parte de los mercados financieros por su rápido aumento desde 2008. Aquel año la deuda de los hogares chinos equivalía a poco más del 20 % del PIB chino, una década después suponía más del 50 % y en 2022 alcanzó el 62 % del PIB[7].

Esto, unido también al alto gasto familiar en educación y a la necesidad de ahorro ante posibles contingencias sanitarias, al no disponer el país de un sistema de seguridad social como el conocido en Europa, provoca que el ahorro se haya convertido en una palabra clave para una sociedad a la que se la exhorta a consumir a fin de dinamizar la economía.

Sobre los precios de la educación de los hijos, una constante preocupación para la sociedad china, la causa subyacente es el elevado precio de la educación no reglada, unido al afán de las familias por incrementar constantemente las horas lectivas fuera del horario escolar, a fin de dotar a sus hijos de mayores capacidades con las que puedan vadear un futuro horizonte laboral que se percibe como altamente competitivo e inestable. Esto incluso ha llevado a las autoridades chinas a limitar significativamente este sector. Las expectativas de los jóvenes recién salidos de la universidad también han decaído considerablemente en los últimos cinco años. En junio de 2022 se graduaron de las universidades chinas casi once millones de jóvenes[8]. China se enfrenta, en la actualidad, a un aumento de su nivel de desempleo, que afecta de manera especial a la población más joven en edad laboral. El paro juvenil, que apenas era del 9,6 % en mayo de 2018, subió hasta el 20,8 cinco años después, muy por encima del paro general que se calculaba en un 5,5 %[9].

Una batalla que tendrán que librar las autoridades chinas a corto plazo será recuperar la confianza de consumidores y empresarios en la seguridad jurídica del país, que ha quedado dañada por disposiciones gubernamentales recientes, como los cierres forzosos de actividad vinculados a la política de covid cero o restricciones sectoriales como las que han afectado a la educación privada.

Otro gran dilema, global en este caso, es la sostenibilidad ecológica del modelo de desarrollo chino, tradicionalmente muy intensivo en energía y materias primas. Por ejemplo, China sigue teniendo una fuerte dependencia del carbón, y emite el 30 % de los gases de efecto invernadero del mundo. De ahí que mantener el calentamiento global dentro de unos límites compatibles con el Acuerdo de París (2015) solo será posible si China asume una política climática ambiciosa. Xi Jinping se ha comprometido a que el país alcance los niveles máximos de emisión de carbono antes de 2030 y lograr la neutralidad en sus emisiones para el año 2060. Un alarmante informe del Banco Mundial en 2022[10] hace hincapié en la necesidad apremiante de acelerar la transición de China hacia la neutralidad climática y señala que la zona este de China será la más castigada por el cambio climático. Precisamente ahí se concentra la gran mayoría de la población y las principales ciudades del país. De hecho, si se trazara una línea imaginaria desde las localidades de Heihe (en la frontera noroeste) y Tengchong (frontera del sur), solo el 6 % de la población quedaría en la zona oeste[11].

Un punto a favor de China para avanzar en la transición climática es su avanzada capacidad tecnológica e industrial en el desarrollo de tecnologías verdes, como los paneles solares y los vehículos eléctricos. Esto está facilitando que para China no sea tan complicado seguir la hoja de ruta internacional en estas áreas, como sí lo está siendo para muchos países en vías de desarrollo que en gran parte ven las nuevas políticas medioambientales como un freno para su crecimiento económico. Los avances prácticos en la lucha de China contra el cambio climático se están implementando de manera muy visible, por ejemplo, en su acelerada transición energética y un masivo programa de reforestación. Si nos fijamos solo en la energía eólica y solar, en 2022 ya cubrían el 14 % del total de la demanda energética de China. El incremento de la capacidad de generación de estas energías renovables en 2022, 125 GW, equivale al total de la producción de electricidad de Vietnam, y cubrió dos tercios del total del aumento de la demanda de energía de China en 2022. Esto permite reducir el peso de las fuentes de energía más contaminantes, como el carbón, en la producción de electricidad en China. Este rápido aumento de la capacidad instalada apunta a que China cumplirá cinco años antes de lo previsto con sus objetivos para 2030. Asimismo, China cuenta con el programa de reforestación más ambicioso del mundo, *Grain for Green*, por el que han recibido subsidios unos 300.000 hogares rurales a cambio de que trabajen para aumentar la superficie forestal del país. Los resultados son espectaculares y su zona forestal ha pasado del 14 al 25 % en los últimos 20 años[12]. La extensión de esa zona reforestada equivale a unas dos veces la extensión total de España.

Hay que señalar que los gobernantes chinos nunca han sido negacionistas con respecto a los problemas del cambio climático, pero tradicionalmente le han dado una mayor prioridad al desarrollo económico. Se podría decir que ha habido un gran consenso a favor de apostar primero por el crecimiento económico y resolver el problema medioambiental después. En este sentido, existe una estrategia climática y medioambiental a largo plazo y que se va materializando progresivamente, pero que puede verse congelada e incluso revertida temporalmente por consideraciones tácticas que lleven a priorizar de nuevo la aceleración del crecimiento económicos a corto plazo frente a la sostenibilidad, o por un mayor énfasis en asegurar la autosuficiencia energética en un contexto de alta tensión geopolítica. Esto explica la relajación de las restricciones a la construcción de plantas de carbón. Paralelamente, también asistimos a una mayor concienciación ecológica de la población china, especialmente en las grandes urbes y entre los jóvenes. La calidad del aire y el acceso a alimentos no contaminados son preocupaciones recurrentes entre los urbanitas chinos, que cada vez incorporan más la sostenibilidad a sus hábitos de consumo.

En cualquier caso, conviene recordar que la enorme brecha socioeconómica que existe entre diferentes zonas de China también se refleja en este dilema a la hora de priorizar la aceleración o la sostenibilidad del crecimiento económico. Las autoridades locales de las zonas más desarrolladas de China, al igual que su población, tienden a dar comparativamente más importancia a la sostenibilidad que sus contrapartes de las zonas más pobres. De ahí que no solo estemos asistiendo al cierre de fábricas que no cumplen con la legislación medioambiental, sino también al traslado de actividades industriales más contaminantes a las zonas del interior.

Por otra parte, la profunda digitalización de la economía china se encuadra de forma natural con la sostenibilidad buscada por las autoridades del país, sustituyendo el anterior modelo de desarrollo intensivo en energía, materias primas y emisiones por otro más intensivo en tecnología y que reduce los desplazamientos físicos. La irrupción masiva del comercio electrónico y las redes sociales desde el teléfono móvil ha multiplicado de manera evidente las posibilidades de socialización y consumo de una población joven y de mediana edad. Plataformas como Alipay, propiedad del grupo Alibaba, y WeChat, propiedad de Tencent, son las más populares y forman parte de la vida cotidiana de la población china, que cada vez está más acostumbrada a utilizarlas también en el ámbito laboral.

Servicios públicos y protección social

Las autoridades chinas han recibido un amplio reconocimiento internacional por la drástica reducción de la pobreza en el país. No en vano se calcula que en los últimos 40 años unos 800 millones de chinos han salido de la pobreza, lo que supone unas tres cuartas partes del total de la población mundial que ha salido de la pobreza en este periodo[13].

Paralelamente, China ha aumentado de manera muy significativa su puntuación en el Índice de Desarrollo Humano, que mide el avance conseguido por un país en tres aspectos básicos del desarrollo humano: disfrutar de una vida larga y saludable, acceso a la educación y un nivel de vida digno. La puntuación de China en este índice en 2021 fue de 0,768, lo que le colocaba en el puesto 79 del mundo y dentro de los países con un índice de desarrollo humano alto. Si sigue manteniendo su actual ritmo de mejora en este índice, China formará parte antes de 2030 de la categoría de países con un índice de desarrollo humano muy alto, donde en 2021 ya había 66 Estados[14]. En cualquier caso, resulta relevante señalar que tradicionalmente China estaba mejor ubicada en el ranking de países según su Índice de Desarrollo Humano que según su PIB per cápita. Es decir, que su población disfrutaba de un mayor nivel de desarrollo humano en comparación con lo que sería esperable según el PIB per cápita del país. Sin embargo, esta tendencia se ha revertido en los últimos años, y en 2021 China tenía el puesto 61 PIB per cápita más alto del mundo con 12.556 dólares, 18 posiciones por encima de su puesto en el Índice de Desarrollo Humano[15].

Estos resultados son fruto de la profunda reforma de los servicios públicos básicos y del sistema de seguridad social acometidas desde los primeros años del periodo reformista, cuando se desmantelaron las comunas en el mundo rural y unidades de trabajo en el mundo urbano. Esto ha dado lugar a un sistema donde la responsabilidad de los poderes públicos para proveer de servicios educativos y sanitarios recae mayoritariamente en los gobiernos locales, se ha permitido la entrada de empresas privadas en estos sectores y los empleadores asumen una parte muy significativa del sistema de protección social. Todas estas reformas se han realizado con una mentalidad utilitarista que asegurara la estabilidad social, a la vez que estimulaba el consumo y la disponibilidad de recursos humanos. En otras palabras, las autoridades desarrollan los servicios públicos y la red de protección social lo necesario para evitar protestas populares, pero quieren impedir lo que a sus ojos sería un desarrollo excesivo del estado de bienestar que redujera los incentivos de la población a participar en un mercado laboral enormemente competitivo.

Estamos ante un sistema que va tendiendo a la universalización, pero que tiene unos niveles de cobertura bajos, especialmente en aquellas zonas donde los gobiernos locales cuentan con menos recursos, que deben compensarse a través del empleador o del propio trabajador.

Como los servicios públicos dependen fundamentalmente de los recursos de los gobiernos locales, estamos ante un sistema administrativamente muy fragmentado y caracterizado por bajos niveles de asistencia especialmente en las zonas menos desarrolladas del país. Esta significativa desigualdad en la provisión de servicios esenciales es uno de los acicates a la migración interna. Millones de personas intentan cada año desarrollar su vida laboral en las pujantes urbes costeras, o incluso se desplazan a estas zonas de forma provisional, para poder acceder a mejores servicios educativos y sanitarios.

La sanidad en China es hoy de acceso universal, lo que hace que cada ciudadano pueda acudir al hospital asignado al lugar donde tenga registrada su residencia. Sin embargo, el gasto público de sanidad apenas alcanzó el 3 % del PIB chino en 2019, siendo del 2,91 % el año anterior, lo que situaba a China en el puesto 97 de 192 países[16]. Más ilustrativos son los datos de gasto en sanidad per cápita que sitúan al gigante asiático en el puesto 77 con 268 euros por persona[17]. En cualquier caso, la mejora de la sanidad china es evidente. Así lo evidencian indicadores básicos como la reducción de la mortalidad infantil, que pasó de 11,61 muertes por cada 1000 nacimientos a 11,41 entre 2019 y 2020[18], y el aumento de la esperanza de vida, que pasó de 80,82 años a 81,06 entre 2019 y 2020[19].

Hay que tener en cuenta que los sistemas de asistencia no son los mismos para todos los ciudadanos, dependiendo del nivel económico de cada uno. Existe así un monto de dinero acumulado en cada tarjeta de la seguridad social del ciudadano y variable según los réditos económicos obtenidos y, en consecuencia, según los impuestos pagados sobre su salario. Un tratamiento largo y costoso puede, por lo tanto, poner la cuenta del paciente a cero, por lo que en ese caso quedará desprotegido. De esta forma, los casos de endeudamiento para hacer frente a enfermedades graves y emergencias sanitarias son comunes entre la población.

Los empleados urbanos del sector privado con contrato de trabajo tienen un plan contributivo del 8 % que se reparte entre trabajador y empresario, y que puede variar sustancialmente desde la cobertura total para los puestos más remunerados, hasta una exigua parte para los menos favorecidos. Los residentes urbanos en situación de desempleo optan al Urban Residence Basic Medical Insurance, que aproximadamente cubre un 50 % de sus gastos médicos. Los residentes de zonas rurales están cubiertos por diferentes programas. El más extendido es el New Cooperative Medical Scheme, iniciado en 2013, que según datos de las autoridades cubriría aproximadamente el 50 % de los gastos médicos del afiliado[20]. Por su parte, la sanidad de los empleados públicos se gestiona a través de un sistema no contributivo que desde 1952 cubre la totalidad de los gastos sanitarios del paciente.

Para poder acceder a la seguridad social de las grandes ciudades como Shanghái o Pekín, es necesario tener el *hukou* o registro de residencia de la zona, algo que solo puede conseguirse tras cinco años de trabajo en la ciudad. Sin este, el trabajador estará sujeto a las condiciones en materia social de su puesto de trabajo. En el caso de la población flotante, muchas veces empleada de forma informal sin contrato de trabajo, solo podrán acudir a los centros médicos de donde conste registrada su residencia, generalmente a miles de kilómetros de su lugar de trabajo.

Además, las autoridades chinas han reaccionado a la enorme inquietud ciudadana por la seguridad alimentaria. Las recurrentes intoxicaciones y escándalos alimentarios en China, algunos de los cuales, como el de la leche infantil adulterada, han tenido también un importante eco internacional, hacen que la seguridad alimentaria sea una de las mayores preocupaciones de los consumidores chinos. De hecho, según la edición de 2018 del reputado informe anual de los consumidores chinos de la empresa Mintel, este era el asunto que más consumidores chinos mencionaban, un 36 %, cuando se les pedía que identificaran cuál era su mayor preocupación al consumir[21]. La respuesta de las autoridades ha sido intensificar la regulación del sector, con la aprobación de una nueva Ley de Seguridad Alimentaria en 2009 que ha incorporado importantes enmiendas en 2015, 2018 y 2021, orientadas a elevar los estándares de calidad de las empresas y la información disponible a los consumidores.

La educación ha sido siempre uno de los pilares fundamentales de la sociedad china. En palabras de Confucio: «Donde hay educación no hay distinción de clases». En la China imperial, los exámenes para entrar a formar parte del mandarinato eran la llave del ascenso social, pues entrar en la administración pública era sinónimo de éxito. Esto daba lugar a una suerte de meritocracia que hizo de China la sociedad preindustrial más avanzada. La población china sigue valorando enormemente la educación como plataforma de éxito social, pero se da la paradoja de que el sistema educativo chino, en vez de contribuir sistemáticamente a la reducción de las desigualdades, contribuye a reproducirlas. Esto se debe a que quienes habitan en las zonas con mayores recursos, generalmente áreas urbanas y costeras, tienen mayor apoyo público para acceder a una educación de calidad que los residentes de las zonas más pobres.

A pesar de los innegables avances del sistema educativo chino, especialmente en la educación universitaria, el porcentaje del PIB que dedica el Estado a la educación no es especialmente llamativo. El Ministerio de Educación anunció que el gasto en educación en 2021 equivalió al 4,1 % del

PIB chino, mientras que la media global es del 4,3 %[22]. Estos datos contrastan con un gasto familiar en educación muy elevado.

Una parte significativa del gasto en educación en China se ha orientado a la educación superior y a crear centros de excelencia que deben formar a una élite capaz de situar al país en posiciones de liderazgo en todos los campos del saber, especialmente en las ciencias aplicadas, lo cual se considera clave para garantizar el desarrollo de China como potencia económica y militar de primer orden y para aumentar su prestigio internacional. Por tanto, no es de extrañar que las universidades chinas hayan irrumpido con fuerza en los rankings de calidad universitaria. En el año 2023, la Universidad de Qinghua era la 16 mejor del mundo y la Universidad de Pekín ocupaba el siguiente lugar. Y todavía hay otras dos más entre las 100 primeras: la Universidad de Zhejiang en el puesto 67 y la Universidad de Ciencia y Tecnología de China en el 74[23].

La estructura de la educación china no se diferencia en demasía de la de otros países, a excepción del adoctrinamiento patriótico, que impregna el sistema educativo desde una edad temprana, lo que permite al PCCh moldear gran parte de la identidad colectiva de la población, que en muchos casos asume de manera inconsciente la identificación entre el Partido y el Estado. Se accede al sistema educativo a partir de los tres años de edad en el ciclo de educación infantil (3 cursos). Esta fase no es obligatoria, pudiendo los padres suplirla en casa. A partir de los seis o siete años se inicia la escuela primaria (6 cursos), seguida de la escuela secundaria (3 cursos). Durante esos 9 años de educación obligatoria la matrícula es gratuita en las escuelas públicas, teniendo las familias que abonar otras partidas, como la manutención y materiales educativos. La escuela secundaria de segundo ciclo (3 cursos) tiene como objetivo prioritario la preparación de los estudiantes para el examen de acceso a la universidad (*gaokao*). El propio acceso a este bachillerato se realiza también mediante un examen de ingreso, que determinará si el estudiante puede estudiar en escuelas públicas de prestigio o no, con el consiguiente efecto sobre sus posibilidades de acceso a la universidad. Los estudiantes que hayan alcanzado en el *gaokao* la calificación necesaria podrán cursar grados universitarios de cuatro años. Quienes completen estos estudios de grado podrán acceder posteriormente a estudios de posgrado, máster y doctorado, cuyas plazas son muy limitadas para la enorme demanda existente, por lo que también suelen contar con exigentes pruebas de ingreso. Aquellos cuya nota en el *gaokao* no haya sido suficiente podrán entrar en los llamados «colegios vocacionales» y cursar una diplomatura de tres años. Estas instituciones educativas, que pueden ser públicas o privadas, ofrecen una formación profesionalizante que no da acceso a los estudios de posgrado.

El sistema de exámenes es inherente a la cultura china y constituye la base de la meritocracia que ha definido el sistema durante milenios. Sin embargo, esto ha provocado alarmantes cotas de estrés infantil, que en los últimos años han sido motivo de controversia en los medios. Así, en agosto de 2021, el Ministerio de Educación anunció la retirada de los exámenes de acceso a la escuela primaria para estudiantes de seis años, así como una reducción generalizada del calendario de exámenes, una limitación de tareas escritas y disposiciones como la prohibición de que los centros separen a los estudiantes entre excelentes y no excelentes. En rueda de prensa, el propio ministro justificó la medida de esta forma: «Los exámenes muy frecuentes [...] hacen que los estudiantes estén saturados y bajo enorme presión [...] la presión sobre los alumnos a temprana edad daña su salud mental y física»[24]. La medida del Ministerio incluyó el cierre, con apenas pocas semanas de aviso, de incontables escuelas y academias privadas que ofrecían clases extraescolares por todo el país. Esto provocó un hundimiento del sector que afectó también a grandes empresas, como TAL Education y Gaotu, que habían llegado incluso a cotizar en la bolsa de Nueva York. Asimismo, se está planteando una reforma que refuerce las enseñanzas profesionales como alternativa a la enseñanza universitaria, que es a la que aspiran todas las familias.

En cualquier caso, para una transformación profunda en este ámbito, es imprescindible un cambio de mentalidad de la población, ya que en muchos casos son los propios progenitores, quienes, obsesionados por el éxito laboral y la competitividad futura, trasladan una enorme presión a sus descendientes.

En cuanto al mundo universitario, el alto número de estudiantes repartidos en sus cerca de 3.000 universidades y centros de educación superiores está haciendo al ejecutivo chino replantearse la limitación de plazas universitarias, enfocando a una parte del alumnado a estudios técnicos y aplicados. Esto indica que China está inmersa en un proceso de modificación de viejos postulados, sustituyéndolos por otros más acordes con la realidad laboral del país, algo que sin duda llevará tiempo canalizar y reformar.

Al igual que con la sanidad, puede hacerse una valoración crítica del estado de la red de protección social en China si la comparamos con las de los países europeos, o más positiva si lo hacemos con Estados Unidos o nos centramos en los importantes avances realizados en las últimas tres décadas.

En China, tanto los requisitos para poder optar a la prestación de desempleo como los plazos cubiertos por dicha prestación son los habituales internacionalmente. Es decir, una vez finaliza la relación contractual, quienes hayan trabajado más de dos años pueden solicitar una prestación por desempleo. La duración de dicho subsidio será de dos meses, incrementándose otros dos meses por cada año adicional trabajado y llegando a un tope de 24 meses. Más llamativa, por baja, resulta la cuantía a recibir, calculada según el salario mínimo establecido para cada ciudad y que tiene en cuenta la cantidad estimada por las autoridades para la mera subsistencia. Así, hoy en día, la prestación mensual para un desempleado en la ciudad de Pekín es de 1.408 yuanes, unos 200 euros[25]. Una cifra a todas luces insuficiente, con la que se busca incentivar la búsqueda activa de empleo por parte de los beneficiarios del subsidio de desempleo.

En el sistema de jubilación y pensiones encontramos el mismo contraste entre una dinámica positiva de incremento muy notable del número de personas que pueden acceder a estos subsidios y su escasa cuantía. Aquellos que hayan cotizado un mínimo de 15 años recibirán una pensión cuya cuantía —que no puede superar tres veces el salario medio local— dependerá esencialmente de su salario. El mayor problema que debe afrontar el sistema es el acelerado envejecimiento de la población. China cuenta en la actualidad con 260 millones de personas mayores de 60 años, que es la edad de jubilación para los hombres, estando en 50 años para las mujeres que realizan trabajos de cuello azul y

55 años para las mujeres que realizan trabajos de cuello blanco[26]. Esta cifra es abultada incluso para un país con la población de China. En 2011, por cada pensionista había 3,1 trabajadores, en 2016 la cifra cayó hasta 2,8 y se espera que esta cifra caiga hasta los 1,3 trabajadores por pensionista para el año 2050[27]. En este contexto, en 2020 el gasto en pensiones suponía el 4,7 % del PIB chino y se espera que alcance el 6,7 % a finales de esta década[28].

Teniendo en cuenta que la edad de jubilación en China no se ha ajustado en los últimos cuarenta años al notable aumento de la esperanza de vida, y que buena parte de la población se jubila entre los 55 y los 60 años, se ha abierto el debate sobre retrasar la edad de jubilación. Aunque un retraso en la edad de jubilación paliaría este problema, actualmente ya no parece suficiente. Por este motivo el gobierno central autorizó en 2022 el lanzamiento de un programa piloto de planes privados de pensiones en la provincia de Cantón[29]. Se espera que los planes privados de pensiones puedan ser el complemento necesario a un sistema público de pensiones cuya sostenibilidad está en evidente riesgo para que los futuros pensionistas amortigüen con ellos la pérdida de poder adquisitivo que supondrá su salida del mercado laboral.

Género

El confucianismo, que tanto ha marcado la mentalidad china, es una ideología fuertemente patriarcal, que en su concepción jerárquica de la sociedad situaba al hombre por encima de la mujer. Al nacer, todas las niñas chinas quedaban subordinadas a la autoridad paterna, y esto no cambiaba hasta que se casaban y pasaban a quedar bajo la autoridad de su marido. No podía ser de otra manera dentro de un sistema de parentesco patrilineal y patrilocal donde las mujeres eran externas al grupo de parentesco y debían residir con la familia de su marido, contribuyendo al culto a los antepasados de la familia de este y al cuidado de sus suegros. Esta influencia confuciana no solo ha afectado a China, sino también a los países de su entorno.

Según datos oficiales, el valor del Índice de Brecha de Género de China es de 0,68. Esto sitúa a China en el puesto 102 de los 155 de los países que conforman el Ranking de Brecha de Género. En comparación con los países de su entorno, Japón está en el puesto 116, la India en el 135 y Corea del Sur en el 99, lo que indica que China se sitúa en una escala media dentro de su zona geográfica más inmediata. Lo llamativo de estos datos es que China ha ido cayendo progresivamente en esta lista, sobre todo desde el año 2013, después de haber ocupado el puesto 63 en 2006 y el 69 en el año 2013[30].

Revisando la línea progresiva de la brecha de género, observamos que esta se ensancha hasta fechas actuales desde 2012, momento de la creación de un nuevo gobierno presidido por Xi. De hecho, se ha vivido desde entonces una reducción del ya limitado papel político de las mujeres, reflejado con nitidez en la actual composición de la cúpula del Partido. Nunca ha existido en el Comité Permanente del Politburó chino una mujer, pero tras el XX Congreso del PCCh, por primera vez en 25 años, todos los puestos del Politburó están copados por hombres y se ha reducido significativamente el número de mujeres en el Comité Central de 20 a 12. Además, la brecha de género se agudiza especialmente en el mundo rural y en las provincias del interior del país.

Un ejemplo de política patriarcal bajo el mandato de Xi Jinping es la reciente y polémica revisión de la ley del divorcio, que beneficia al marido en el reparto de los bienes familiares, incluso cuando las mujeres hayan contribuido económicamente a estos. Esta medida aspira a reducir las peticiones de divorcio por parte de las mujeres y, como ha denunciado la activista feminista china Lü Pin, está llevando a que muchas jóvenes consideren seriamente no casarse[31].

Este giro machista del régimen se evidencia también en los puestos de responsabilidad dentro de la administración del Estado, incluyendo las empresas estatales. En la actualidad, solo el 5 % de los puestos directivos de estas empresas están ocupados por mujeres, a pesar de que su fuerza laboral femenina sea del 24 %, muy inferior también este número al de los hombres. Con respecto a las empresas chinas no estatales, este porcentaje sube tan solo hasta el 7 %[32].

De hecho, el mensaje que difunden las autoridades en declaraciones institucionales, medios de comunicación, redes sociales y espacios públicos, apoya la creación de familias patriarcales donde el hombre asuma la responsabilidad laboral y la mujer se dedique al cuidado de la casa y los hijos. Una situación, por otra parte, imposible de mantener para la mayoría de las familias, al necesitarse el sueldo de ambos cónyuges. En 2019, las mujeres representaban el 40 % de la fuerza laboral por cuenta ajena y el 55 % por cuenta propia (la mayor parte de ellas falsas autónomas)[33]. Esto es debido a las dificultades de las mujeres para integrarse en el sector formal, dado que los empleadores tienden a asumir el reparto tradicional de roles entre géneros al considerar que las trabajadoras podrían estar menos comprometidas que sus pares masculinos con el trabajo en la empresa al tener ellas más responsabilidades familiares. Esto hace que el acceso al mercado laboral de las mujeres chinas sea más difícil que el de los hombres y que tiendan a tener salarios más bajos y peores condiciones laborales que ellos, además de una menor protección jurídica.

La tendencia más patriarcal del actual ejecutivo chino, por lo tanto, es clara. Al mismo tiempo, los cambios operados en la economía del país, con el aumento del desempleo y el problema de la caída demográfica, ha hecho que desde el gobierno se observe con desconfianza la participación de las mujeres en el mundo laboral. La presión sobre la mujer para casarse y formar una familia es más intensa que sobre el hombre, y se ejerce frecuentemente tanto desde su familia (padres en un incesante reclamo por el matrimonio de su hija desde los 25 años) como por sus amistades, no siendo pocas las que abandonan sus estudios de posgrado por el miedo a que una alta capacitación les dificulte encontrar marido. Pero hay otras que continúan con su formación, y que son identificadas como «mujeres sobrantes». Según el Ministerio de Educación, que reconoció la validez de este término creado y popularizado por internautas chinos, hace referencia a:

mujeres urbanas modernas de mayor edad, la mayoría de ellas con alta educación, altos ingresos, alto coeficiente intelectual y apariencia impecable. Debido a sus requisitos relativamente altos para la selección de pareja, no pueden obtener su destino ideal en el matrimonio y se convierten en «mujeres sobrantes»[34].

Cierto es que el estatus de las mujeres chinas mejoró notablemente con el establecimiento de la República Popular. La Ley de Matrimonio de 1950 abolió el matrimonio forzado y la concepción de la esposa como una propiedad del marido y de la familia de origen de este. A partir de ese momento, el PCCh ha tendido a hacer suyos los postulados reivindicativos del feminismo, en gran parte para controlarlo. Esto se institucionaliza a través de la Federación de las Mujeres de China, cuya misión fundacional es defender los derechos de las mujeres y promover las políticas de género en el país. Esta organización de masas forma parte del Frente Unido, a pesar de tener oficialmente estatus de Organización No Gubernamental desde 1995, de ahí que podamos hablar de un «feminismo de Estado»[35]. En contraste, los movimientos feministas que escapan del encorsetamiento estatal, como el movimiento MeToo, u otras manifestaciones feministas generalmente desarrolladas a través de internet, son sistemáticamente reprimidas, como en el famoso caso de Las Cinco Feministas, y calificadas como influencia nociva de Occidente[36].

Paradójicamente, el giro patriarcal del ejecutivo chino se produce en contradicción con la evolución que en términos generales está experimentando la sociedad china en los últimos 20 años, particularmente evidente en el mundo urbano y entre los jóvenes con un alto nivel de estudios. De hecho, en 2020, las mujeres superaron a los hombres en estudios de posgrado (másteres), con 52,53 de mujeres por 47,47 de hombres, y en estudios de grado, con 50,96 de mujeres por 49,04 de hombres[37].

Movimientos sociales y opinión pública

Las autoridades chinas miran con desconfianza a cualquier organización social que no controlan por el potencial desafío que se pueda articular desde estos grupos contra su monopolio del poder político. De ahí que se opongan al desarrollo de una sociedad civil realmente independiente y vean cualquier avance en este sentido como una potencial vía de influencia extranjera sobre el régimen. Es por ello que desde las instituciones se han articulado una serie de elementos que limitan estructuralmente el potencial de desarrollo de movimientos sociales críticos. Aquí debemos recordar la estricta censura que imponen las autoridades y que afecta a todos los ámbitos de la comunicación, no solo a los medios tradicionales. Las únicas redes sociales permitidas están permanentemente controladas por miles de trabajadores, que se dedican tanto a eliminar comentarios críticos con el regimen —siendo habitual que se cancelen cuentas de usuarios por haber escrito en ellas críticas a las autoridades—, como a generar contenido afín a la propaganda oficial o meramente destinado a distraer a los internautas para que no profundicen en sus reproches a las autoridades. Esto afecta incluso a las retransmisiones en vivo de conciertos y espectáculos a través de redes sociales, que deben realizarse con retardo cuando involucren a artistas extranjeros o se estén produciendo fuera de China.

Las noticias, tanto nacionales como internacionales, pasan por un estrecho filtro que tiende a sesgar la realidad para ajustarla a los intereses gubernamentales hasta el punto de hacer vivir al ciudadano chino en una burbuja mediática si no puede acceder, por ejemplo, a través de un VPN, a información ajena al control del Partido. Un segundo elemento es el rechazo de la ciudadanía china a situaciones de tensión que pudieran conllevar inestabilidad en el país y, en consecuencia, perjuicios económicos. La idea de que la estabilidad es un prerrequisito para el desarrollo económico es un paradigma fuertemente arraigado en China, que el Partido también ha contribuido a reforzar en su propio beneficio, y que favorece el respaldo a una autoridad de carácter paternalista. Esto deriva en un pacto tácito entre gobierno y población, a modo de contrato social no escrito, que intercambia desarrollo económico y aumento del bienestar social a cambio de una actitud condescendiente y sumisa con la política por parte de los ciudadanos. Las dificultades derivadas de organizar cualquier tipo de acción colectiva disidente en este contexto hacen que los actos de protesta en China, aunque numerosos, suelan ser puntuales e involucren a colectivos sociales muy específicos. Por ejemplo, para solicitar mejoras de las condiciones laborales en una fábrica concreta, para llamar la atención de Pekín sobre la corrupción de determinadas autoridades locales o para denunciar un vertido tóxico en un río.

Las numerosas protestas populares suelen ser afrontadas por las autoridades con una estrategia de palo y zanahoria, que combina concesiones materiales a los manifestantes para dividirlos y facilitar su desmovilización sin tener que escalar en la represión con medidas coercitivas contra cualquier intento de organización social no controlado por el régimen. Por ejemplo, hay gobiernos locales que cuentan con «fondos para el mantenimiento de la estabilidad» destinados a apaciguar el descontento social.

¿Cómo se materializan estas dinámicas en el ámbito laboral? En China no existen sindicatos de clase, sino que todos dependen de la Federación Nacional de Sindicatos de China, un sindicato vertical conectado directamente con el Partido, y cuya prioridad es reducir la conflictividad laboral en vez de mejorar las condiciones laborales de los trabajadores. Un momento crítico de las casi siempre soterradas reivindicaciones laborales se vivió en Shenzhen entre julio y agosto de 2018, cuando un grupo de trabajadores de la empresa Jasic Technology pidió establecer su propio sindicato ante la falta de seguridad laboral, la obligatoriedad de realizar horas extras diariamente y las frecuentes multas de las que los trabajadores eran objeto. Ante la negativa del ejecutivo de permitir la creación de un sindicato de clase, un grupo de trabajadores decidió hacer caso omiso y organizar su propia fuerza sindical, lo que provocó su despido por parte de la empresa. En ese momento empezaron las protestas no solo de los trabajadores, que incluyeron la acción directa para frenar la producción de la fábrica, sino también de grupos de simpatizantes, entre los que destacaron el Grupo de Solidaridad de Trabajadores de Jasic, formado, sobre todo, por estudiantes universitarios de fuerte ideología marxista y maoísta. Con posterioridad, organizaciones internacionales denunciaron el arresto y la desaparición de varios de estos estudiantes. No se trató de un enfrentamiento entre el Gobierno y una nueva ola liberalizadora o democrática, sino entre este y la ortodoxia marxista y maoísta, en la que se apoyan diversos grupos que llevan décadas exigiendo una mayor protección de los derechos laborales.

Esta manifestación evidenció tanto la preocupante situación de muchos trabajadores chinos por el incumplimiento sistemático de la legislación laboral vigente, como la existencia de una contestación social desde postulados ideológicos afines a los del régimen, lo que hace que estas protestas sean particularmente sensibles para las autoridades. Así se entiende que, aunque las autoridades chinas frecuentemente afrontan las protestas laborales combinando la represión sobre los líderes de las movilizaciones con la aceptación de algunas de sus reivindicaciones, en este caso los manifestantes no vieron satisfecha ninguna de sus demandas. Esto puede interpretarse como un aviso para que otros trabajadores descontentos no expresen su malestar de esta misma manera.

En los últimos años, nuevos temas de preocupación han ido afectando a la sociedad china, entre ellos la calidad del aire y la protección del medioambiente, cuyo deterioro ha pasado de ser algo sufrido en silencio a ser una preocupación constante de la población, especialmente en las zonas urbanas. En la actualidad, China cuenta con unas 2.000 organizaciones ecologistas no gubernamentales que han ido creciendo al hilo del aumento de la preocupación social sobre el medioambiente desde la fundación de Friends of Nature en 1994[38]. Esta fue la primera organización no gubernamental creada legalmente en China y, al igual que otras muchas organizaciones ecologistas, ha tenido un papel constructivo para el gobierno chino a la hora de avanzar hacia un modelo de desarrollo más sostenible y denunciar casos de violaciones flagrantes de la regulación medioambiental vigente.

Más recientemente, en 2021 y 2022, han saltado a la prensa internacional otras manifestaciones de protestas colectivas en China centradas en los excesos del sector inmobiliario y la política de covid cero. Ya comentamos anteriormente la crisis del ladrillo que acecha a la economía china. Una de sus repercusiones ha sido el parón de promociones inmobiliarias por la falta de acceso a financiación por parte de las empresas constructoras responsables. Esto ha provocado que decenas de miles de compradores se quedaran con la obligación del pago hipotecario, pero sin poder disponer de la vivienda. Ante esta situación, numerosos hipotecados se organizaron a través de las redes sociales, se manifestaron en las calles y decidieron dejar de pagar sus préstamos hasta que las constructoras no reanudaran los trabajos. En este caso, más que decantarse por la represión, las autoridades apoyaron financieramente a las entidades afectadas y evitaron que los bancos penalizaran a quienes dejaron de pagar las hipotecas.

Más controversia han causado las movilizaciones contra la política de covid cero, cuyo potencial desestabilizador ha sido mayor debido a su carácter transversal: la participación en ellas personas de múltiples trasfondos sociales, la amplitud de su extensión geográfica y las críticas directas contra el Gobierno central.

Durante el confinamiento vivido en la ciudad de Shanghái, desde marzo hasta mayo de 2022, se vivió una suerte de protesta pública virtual, que era la única posibilidad factible en aquel momento. Durante cerca de tres meses, millones de shanghaineses subían diariamente videos y fotografías a las redes sociales mostrando a policías entrando en domicilios o usando la fuerza para llevar a habitantes de la ciudad a los centros de confinamiento de covid, iniciándose con ello una carrera en la que las autoridades procuraban borrar los videos lo antes posible (en ocasiones, en cuestión de segundos), mientras los usuarios intentaban guardarlos antes de que desaparecieran de la red para mandarlos después a sus contactos. Se trató, por lo tanto, de una protesta basada en la difusión de la información. La relativa victoria de las oficinas de control de contenidos de internet fue significativa, ya que, a pesar del esfuerzo realizado por los usuarios, millones de chinos de otras provincias se negaron a aceptar que el confinamiento había tenido lugar en condiciones tan extremas como las que muchas voces denunciaban. Con posterioridad, y ante la nueva ola de contagios, otras ciudades empezaron a sufrir la misma situación, repitiéndose las escenas esta vez por todo el país.

Pero lo que realmente encendió las alarmas de las autoridades fueron las protestas vividas en varias ciudades de China el último fin de semana de noviembre de 2022 con motivo del hartazgo de amplios sectores de la publicación urbana ante las medidas de la política de covid cero. Estas movilizaciones fueron detonadas por las sospechas de que las restricciones vinculadas con la política de covid cero pudieron tener un efecto trágico en el incendio de un rascacielos de Urumchi el 24 de noviembre de 2022, en el que murieron 10 personas, al dificultar el trabajo de los bomberos y la huida de las personas que estaban en el edificio. El 26 de noviembre, un grupo de personas se reunieron en la céntrica calle Urumchi de Shanghái para rendir tributo a los fallecidos en el incendio. Al intentar la policía evitarlo, estalló la furia de muchos de los presentes que expulsaron a la policía de la zona. Al día siguiente, ante la inmensa presencia policial desplegada, varios cientos de ciudadanos chinos se personaron para volver a la calle Urumchi convertida ya en un símbolo, pero esta vez sin registrarse enfrentamientos. De manera simultánea se empezaron a dar múltiples protestas en diferentes puntos del país (en concreto, en 17 ciudades según datos de la CNN[39]). Los manifestantes eran grupos heterogéneos, tanto de edad como de estrato social, y plantearon críticas más allá de la política de covid cero, por ejemplo, con folios blancos que simbolizaban la falta de libertad de expresión. Los reproches alcanzaron de lleno al propio Xi, cuya dimisión pidieron algunos manifestantes a voz en grito. Las autoridades se esforzaron en que la represión de los manifestantes no repercutiera en heridos o muertos, evitando así la difusión de escenas que pudieran solivantar aún más los ánimos de la población. La prohibición de las protestas no impidió que las autoridades tomaran buena nota del malestar social, identificado por el sistema público de control de internet. Los mismos funcionarios que persiguen videos considerados políticamente incorrectos, también utilizan este contenido subversivo para sondear el estado de ánimo de la opinión pública. Pocos días después, el Gobierno chino decidía levantar en un tiempo récord las medidas más restrictivas contra la pandemia, pasando a una política de convivencia con el virus. El mensaje lanzado desde Pekín a la población fue claro: las autoridades locales eran las responsables de los excesos en la aplicación de la política de covid cero, al haber aplicado con demasiado celo sus instrucciones.

En materia de política exterior, y de cara a las percepciones sobre el resto del mundo, la mayoría de los ciudadanos chinos sigue la línea argumentativa del ejecutivo, transmitida por múltiples canales, como el sistema educativo y los medios de comunicación. Desde esta perspectiva China juega un papel constructivo para la paz y el desarrollo del mundo en cooperación fundamentalmente con el Sur Global. Por el contrario, Estados Unidos y sus aliados son representados como el principal obstáculo para la consecución de un orden internacional más justo y democrático, obsesionados por mantener su posición de privilegio a cualquier precio. Dentro de ese bloque occidental se singulariza el papel de Estados Unidos como hegemón global agresivo que contrasta con el seguidismo pasivo de los demás países, entre los que están muchos europeos. Dentro de esta cosmovisión, se instrumentaliza institucionalmente la coerción ejercida por múltiples potencias extranjeras sobre China entre mediados del siglo XIX y XX para contraponer, apelando incluso a lo emocional, el carácter agresivo de las potencias tradicionales con un supuesto pacifismo chino. Por tanto, no debe sorprendernos que en los estudios de opinión transnacionales que realizan diferentes centros internacionales de estudios demoscópicos, como el Pew Research Institute, la población china destaque por estar entre las más acríticas con la política exterior de su Gobierno.

Cambios generacionales y generación Z

Los profundos, frecuentes y vertiginosos cambios socioeconómicos experimentados por China en los últimos ochenta años hacen que las diferencias intergeneracionales sean especialmente prominentes en este país.

Partiendo de estudios previos, distinguimos una primera generación, ya en proceso de desaparición, de nacidos hasta 1939, conocida como la generación de la preconsolidación, por haberse socializado antes del afianzamiento de la República Popular China[40]. Crecieron durante los años de la República de China y tuvieron, sobre todo en las zonas urbanas y costeras, un mayor contacto con el mundo extranjero, ya que la presencia internacional dentro del país se redujo notablemente tras la fundación de la República Popular China. Su socialización estuvo marcada por la guerra contra Japón y la guerra civil entre el PCCh y el KMT. Estas experiencias traumáticas les han hecho ser proclives a respaldar un régimen político fuerte, capaz de garantizar unas bases mínimas de seguridad y orden. La generación posterior, conocida como la generación de la consolidación, se socializó entre 1950 y 1965, durante el periodo de colectivización maoísta, tanto en el campo, con las comunas populares en las zonas rurales, como en la ciudad, con las unidades de trabajo. Su periplo vital dio inició con la guerra de Corea y posteriormente vivió episodios como el Gran Salto Adelante. Es una cohorte de edad arraigada en los modelos de planificación laboral y con una percepción del individualismo como algo peligroso para la supervivencia, pues se socializaron en un momento en el que el Estado era el único empleador y proveedor de servicios básicos.

Los nacidos entre 1949 y 1966, tuvieron una infancia y juventud marcada por la Revolución Cultural, durante la que fueron intensamente adoctrinados y movilizados políticamente a costa de su formación académica. Esto llego hasta el punto de que la educación reglada fue prácticamente suspendida en las zonas urbanas y en muchas áreas rurales. Esta generación es la que, por edad, domina la cúpula política y empresarial del país en la actualidad.

Quienes nacieron entre 1960 y 1979 han estado muy influidos por las reformas, pues crecieron en una época en que el hartazgo de los excesos del maoísmo propició una cierta liberalización dentro del régimen. Se trata de una generación que empieza a romper con el anterior concepto comunal para dirigirse hacia un creciente individualismo, consecuencia lógica de un nuevo panorama económico en el que el mérito personal y la formación pasan a ser la llave para el éxito profesional. Este es el grupo que de forma más evidente ha confirmado el pacto tácito con el Partido de renuncia a libertades civiles y derechos políticos a cambio de un acelerado proceso de desarrollo económico. Una gran parte de su economía familiar está destinada a la educación de su único hijo y tiende a imponer unas normas de conductas familiares patriarcales en sus descendientes.

Quienes nacieron entre 1980 y 1995 forman la llamada generación del hijo único, equivalente a los *millennials*, o generación Y. Son personas mucho más formadas académicamente y viajadas que sus mayores, en ocasiones con educación en universidades extranjeras. Se socializaron desde 1990 a 2010, en una coyuntura económica espectacularmente expansiva. Esto ha facilitado que hayan recogido el testigo del anterior pacto tácito entre población y PCCh, haciéndolo también suyo. Sin embargo, esta generación tiene ahora una visión pesimista y estresante del futuro, pues en los últimos años ha visto hasta cierto punto mermada su capacidad adquisitiva con la subida generalizada de los precios y el estancamiento de los salarios, siendo esta una coyuntura radicalmente opuesta a sus inicios laborales. A esto hay que añadir su alto grado de endeudamiento ligado a la prioridad heredada de sus padres de obtener bienes inmuebles a la mayor brevedad posible. También es la generación que de mayor manera han sufrido un estrés laboral y una competitividad siempre creciente, lo cual les hace preparar una educación exhaustiva y costosa para sus hijos, a los que en muchos casos someten a una enorme presión. Suelen ser muy individualistas e interpretan el mundo laboral como un entorno agresivo y competitivo. Su adhesión al régimen parece firme, si bien más vulnerable a los vaivenes económicos que generaciones anteriores. Su educación —como es común desde inicios de la década de 1990 cuando dio inicio la campaña de educación patriótica— ha sido fuertemente nacionalista, atisbándose en ellos también un acusado orgullo nacional, no necesariamente incompatible con el acercamiento a otras culturas.

La siguiente generación, la llamada Z, está formada por los nacidos entre 1996 y 2010, siendo la que aún está inmersa en el sistema educativo o bien acaba de iniciar su vida laboral. Se caracteriza por un mayor individualismo y por una percepción inestable del futuro, mayor incluso que el grupo anterior. Es la generación que ha tenido una infancia materialmente más acomodada (también hijos únicos, pero con mayor poder adquisitivo que la anterior) y evidencia más valores posmaterialistas y rompedores con los modelos familiares tradicionales, con pocos deseos de contraer matrimonio, adquirir una vivienda y crear una familia. Dentro de sus prioridades vitales, también ponen menos énfasis en el trabajo que la generación anterior, lo que se manifiesta en un movimiento contracultural conocido como *Tangping* (躺平), que busca el desarrollo personal en otros espacios, por ejemplo, rechazando el horario de trabajo llamado en China «996», de nueve de la mañana a nueve de la noche seis días a la semana.

Se trata de una generación cuyo periodo de socialización ha estado marcado por la epidemia de la covid-19 y las duras restricciones impuestas por las autoridades chinas en ese contexto. De ahí que esta generación fuera mayoritaria en muchas de las protestas de noviembre de 2022 contra la política de covid cero, sobre todo en las encabezadas por estudiantes universitarios.

Su mayor posmaterialismo está haciendo que aparezcan en China nuevos hábitos de consumo, más orientados a disfrutar de experiencias que a acumular posesiones. De ahí que se estén abriendo por todo el país nuevos negocios orientados al cuidado y la realización personal. Estos jóvenes también son más sensibles con la protección del medioambiente y se muestran más concienciados con la sostenibilidad de los productos que consumen, algo que se combina con la enorme importancia que tienen las redes sociales en sus vidas. Con una media de uso del teléfono móvil de seis horas diarias, es una generación que desconoce el mundo sin internet, acostumbrados a obtener la información buscada y el placer de forma inmediata[41]. Esto no les convierte por necesidad en consumidores fáciles, sino todo lo contrario, tanto por su apego a un comercio más sostenible como por su afición al mundo de la imagen y sus altas exigencias de estética, calidad y precio.

Movimientos artísticos y culturales

Aunque China posee una de las tradiciones artísticas y literarias más longevas de la historia, desde la segunda mitad del siglo XIX se ha visto fuertemente influida por el arte occidental. En este proceso de hibridación artística y cultural fueron fundamentales tanto la irrupción de las potencias coloniales en China, con la creación de nuevas urbes de estilo más occidental como Shanghái, como la mediación de Japón, donde muchos artistas e intelectuales chinos se familiarizaron con las tendencias que llegaban de Occidente. Valgan de ejemplo pintores como Ding Yi, Xu Bing, Chen Zhen, Cai Guoqiang y Huang Yongping, que tras estudiar en Japón destacaron en la primera escuela de pintura que mezclaba el arte occidental con el chino, abierta en Shanghái en 1912.

La llegada del PCCh al poder conllevó una clara instrumentalización política del arte y la cultura, que fue muy intensa durante todo el periodo maoísta y alcanzó su cénit durante la Revolución Cultural. En aquel periodo fueron perseguidos infinidad de artistas e intelectuales, acusados de burgueses por no poner su labor creativa al servicio del régimen o de feudales por seguir las formas artísticas clásicas.

La década de 1980 trajo un renacer artístico con momentos de gran creatividad, a menudo inspirados en el mundo occidental, a pesar de las dificultades de viajar a otros países. Aun así, fueron tiempos que muchos artistas aún recuerdan con devoción porque tuvieron mayores posibilidades de exploración creativa al haberse reducido el control directo del Estado sobre su labor.

Tras el paréntesis reaccionario marcado por la represión del movimiento de Tiananmen en junio de 1989, la década de 1990 también fue de enorme dinamismo y diversidad creativa, pues surgieron la literatura y el arte comercial al hilo del desmantelamiento de las empresas estatales, lo que llevó a explorar formas alternativas de ganarse la vida.

Dentro de esta diversificación también se vivió en la última década del siglo pasado y a principios del siglo XXI una revalorización del arte tradicional chino. Esto se debió, en parte, a la fascinación que despertaba fuera de China y fundamentalmente a su instrumentalización por parte del régimen. En su afán por limitar la influencia cultural extranjera, se puso en valor la cultura y el arte tradicional chino en las escuelas y universidades por encima del occidental. Lo anteriormente denostado debía servir ahora para frenar la influencia occidental, y se dejaba de vincular la cultura tradicional con el sistema imperial al hacer una reinterpretación más positiva del legado cultural y artístico tradicional de China dirigida por el propio Partido.

En la actualidad, el Gobierno chino intenta condicionar a los artistas para que se alejen de influencias extranjeras, concediendo ayudas a quienes realicen una suerte de arte nacionalista. Esto se refleja de manera especialmente visible en el cine, al que las autoridades dedican especiales esfuerzos al ser un arte consumido por grandes audiencias. Así, en los últimos años, se ha dado especial importancia a las películas de temática nacionalista y bélica. De hecho, la película más taquillera de la historia del cine chino es *La batalla del lago Chanching*, una película promocionada y subvencionada por el Departamento Central de Propaganda del Partido, y que narra una batalla entre soldados chinos y las fuerzas estadounidenses en la guerra de Corea. La segunda película más taquillera es *Wolf Warrior II*, una versión china de las películas bélicas estadounidenses de los años ochenta y noventa de heroicos soldados luchando en zonas remotas del planeta, pero esta vez contra antagonistas de rasgos occidentales.

Aunque existen obras artísticas y literarias de gran valía, la creación artística y cultural en general está tan mediatizada por el poder en China que esto lastra significativamente su atractivo fuera de sus fronteras. De hecho, puede compararse fácilmente con el mayor éxito internacional que cosechan las producciones japonesas y coreanas, tanto en música como en cine, comics, etc. Esto no solo sucede en relación con Occidente sino también dentro de la misma China, que consume una gran cantidad de productos culturales provenientes de estos países. En ciudades como Shanghái existe un activo mercado artístico con numerosas galerías de arte, en las que se conjuga el arte tradicional chino, en auge en los últimos tiempos, con nuevas tendencias nacionales e internacionales.

La fama de los artistas e intelectuales chinos ha dado en ocasiones más de un dolor de cabeza a las autoridades chinas cuando han adoptado posiciones disidentes, que rápidamente se viralizan internacionalmente. Esto fue especialmente cierto con el crítico literario y escritor Liu Xiaobo, quien recibió el Premio Nobel de la Paz en el año 2010. Liu Xiaobo había sido especialmente activo durante las revueltas de 1989, siendo encarcelado por ello y de nuevo posteriormente en la década de 1990. En el momento de recibir el premio, Liu no pudo acudir a la cita por hallarse preso por las autoridades chinas acusado de atentar contra el Estado. La reacción internacional no se hizo esperar y se realizaron numerosas peticiones para su liberación. Esta nunca se produjo, y Liu falleció de cáncer bajo custodia policial en 2017. También ha sido muy visible la figura del artista visual y arquitecto Ai Weiwei, quien fue interrogado y encerrado durante tres meses en un viaje a Pekín, iniciándose entonces una campaña de difamación de su persona, que fue fuertemente contestada por intelectuales y medios de comunicación internacionales.

También hay otros artistas que han ganado un gran renombre internacional por la calidad de sus creaciones. Aquí destaca la figura del escritor Mo Yan, galardonado con el Premio Nobel de Literatura en 2012, demostrando que existe una nueva generación de escritores chinos de gran nivel literario, en la que también se incluyen, entre otros, a Can Xue, Ha Jin, Liu Cixin, Yan Lianke y Yu Hua. Una de las grandes fortalezas de la producción artística y cultural china es la enorme demanda doméstica. Esto podría ser obvio si consideramos el tamaño de la población del país; pero hay más: un simple vistazo a una sala de conciertos de música clásica, a una librería o una exposición, evidencia el gran interés que despierta entre la juventud china.

El gran poder de atracción del mercado artístico y cultural chino también se deja sentir internacionalmente y en ocasiones puede cambiar tendencias. China es desde hace ya algunos años el mayor comprador de arte del mundo. En la década anterior, el perfil medio del comprador chino de arte occidental solía ser un alto ejecutivo de entre 40 y 60 años relacionado con las finanzas, en un país en el que el crédito estaba en continua subida. Las obras generalmente preferidas por estos compradores solían ser de artistas venerados en Occidente. Sin embargo, y para sorpresa del mundo comercial artístico, estos compradores han sido sustituidos por otros más jóvenes que han hecho negocios a través de las plataformas digitales y cuyos gustos miran hacia la nueva cultura pop proveniente de Japón y de Corea del Sur. Se trata en este caso de obras más lúdicas y con menor contenido intelectual. Estos nuevos compradores están marcando tendencia en el mercado mundial del arte, revalorizando las obras de sus artistas favoritos, que ahora también son objeto de otros coleccionistas extranjeros, sabedores de que lo que triunfe en China multiplicará su valor.

Por último, cabe señalar que la situación de inestabilidad económica global ha animado a muchos inversores chinos a invertir en arte, considerado un valor seguro, por lo que el sector sigue en auge, dándose la paradoja de que las galerías de arte no solo no han sufrido las consecuencias, sino que se han beneficiado de las actuales turbulencias económicas del país.

4. Política exterior

La reemergencia de China es probablemente el cambio más significativo en el orden internacional en lo que llevamos de siglo. Se trata de un tema recurrente que se presta a narrativas extremas, ya sea por la búsqueda de impacto sensacionalista o por el interés de la fuente en mejorar o empeorar la reputación de China. Esto lleva a que este país asiático sea frecuentemente representado de forma maniquea, como un oso panda, benigno, o como un dragón, agresivo. Por ejemplo, los medios de comunicación chinos y su diplomacia pública tienden a usar la imagen del oso panda, mientras que sus detractores recurren más al dragón de la iconografía occidental, no al dragón chino que es de carácter benévolo. Pero la realidad es compleja y no atiende a simplificaciones tan tendenciosas. El ejemplo de Taiwán es particularmente ilustrativo.

Desde Pekín se ha reafirmado en múltiples ocasiones su disposición a usar la fuerza para incorporar la isla dentro de la RPCh, incluso con rango legal mediante la ley antisecesión de 2005. Su presión militar sobre Taiwán se hizo particularmente visible tras la visita de Nancy Pelosi a la isla en agosto de 2022, mientras era presidenta de la Cámara de Representantes de Estados Unidos, con maniobras militares e incursiones de aviones y barcos chinos en la zona de identificación aérea de Taiwán y al sur de la línea divisoria del estrecho de Taiwán. Pero China no es solo la mayor amenaza para Taiwán, también es el socio económico más importante y un vector importantísimo de riqueza para la isla. China acumula más del 50 % del *stock* de inversión de las empresas taiwanesas en el exterior y sigue siendo, de largo, el principal destino internacional de sus flujos de inversión a pesar de las crecientes tensiones geopolíticas[1]. Esto se traduce en un gran número de taiwaneses viviendo al otro lado del estrecho, más de 400.000 antes de la pandemia, y en unos estrechos lazos comerciales: China recibe el 42 % de las exportaciones taiwanesas, casi tres veces más que Estados Unidos[2].

Esta complejidad no debe extrañarnos pues la interacción de las grandes potencias con otros actores del sistema internacional suele tener múltiples dimensiones. China no es una excepción y la forma en que se relaciona con otros países está fuertemente condicionada a unos intereses y valores que a veces resultan contradictorios.

Los fundamentos de la política exterior de la República Popular China

Como no podría ser de otra manera, la espectacular transformación experimentada por las capacidades materiales de

China ha condicionado la evolución de su política exterior. No es de extrañar que, a medida que este país ha aumentado su peso económico y su desarrollo militar, también esté aspirando a un mayor protagonismo político dentro de la escena internacional. Junto a estos factores materiales, también hay que tener en cuenta una serie de elementos claves para entender la evolución de la política exterior de la RPCh: comunismo, nacionalismo y pragmatismo. La dosificación de estos tres elementos, según la coyuntura política interna, las capacidades del país y el contexto geopolítico del momento, marcarán la estrategia internacional de China.

Una constante en estos más de 70 años de historia es que los líderes de la República Popular siempre han intentado mantener una política exterior lo más autónoma posible, sin quedar subordinados a otros países y maximizando su estatus internacional. Para Kissinger:

La igualdad de categoría y una orgullosa insistencia en no inclinarse ante prescripciones extranjeras no son para los dirigentes chinos una táctica, sino un imperativo moral[3].

De esta forma, su política exterior ha mantenido siempre tres grandes objetivos: modernización, reconocimiento internacional como gran potencia y reunificación nacional.

Al fundarse la RPCh en un contexto de bipolarización del orden internacional, marcado por los inicios de Guerra Fría, el nuevo Estado rápidamente se aproximó al bloque soviético. Decisión lógica no solo porque fueron la Unión Soviética y sus gobiernos afines los primeros en reconocer diplomáticamente al gobierno de Pekín, sino también por su cercanía ideológica y por ofrecer un modelo de rápida industrialización para países eminentemente rurales. El 30 de junio de 1949, apenas tres meses antes de la proclamación el nuevo Estado, Mao escribía un artículo en el que ya hablaba de «inclinarse hacia uno de los bandos», defendiendo el alineamiento con la Unión Soviética desde el prisma ideológico[4]. Sin embargo, también había otros factores de índole práctica, como el efecto disuasorio que podía tener un acercamiento a la Unión Soviética sobre una intervención militar estadounidense en apoyo del Kuomintang destinada a evitar la victoria comunista en China[5].

La guerra de Corea, iniciada en 1950, y que enfrentó a las tropas de Mao (con armamento soviético) contra los Estados Unidos, significó el definitivo alejamiento entre los dos países. El principal motivo de la intervención china fue asegurar una frontera que Pekín creyó amenazada ante la presencia de tropas estadounidenses. Esto encaja con el pensamiento estratégico tradicional chino que otorga una gran importancia al mantenimiento de Estados tapón para mantener a una cierta distancia a potenciales enemigos poderosos.

Pero el alineamiento con Moscú era más débil de lo que podía parecer a simple vista. A lo largo de la década de 1950 y según la RPCh iba culminando su primer plan quinquenal (1953-57), las disputas con Rusia se fueron haciendo cada vez más evidentes.

Podemos definir dos puntos de fricción importantes entre China y la Unión Soviética: el ideológico y el territorial. En el aspecto ideológico, el maoísmo postulaba la necesidad de una revolución activa internacional en el tercer mundo, aún a riesgo de un enfrentamiento con los Estados Unidos. Esta tesis, que consiguió un buen número de seguidores dentro del comunismo internacional, fragmentando así al pretendido bloque unificado comandado por la Unión Soviética, chocaba con el orden bipolar impuesto desde Moscú y Washington. Con esta política exterior más beligerante que la soviética, Mao buscaba su propio lugar dentro de la Guerra Fría, la independencia de los dos bloques y su propio espacio de liderazgo mundial.

Otro punto de fricción entre Pekín y Moscú fueron las cuestiones territoriales, cuyo origen se remontaba a los tratados que la Rusia zarista había impuesto a la dinastía Qing, arrebatándole territorios en el valle de los ríos Amur y Ussuri y en las regiones al norte de los ríos Ilí, Kokand y Amur. La tensión fue aumentando en la década de los sesenta hasta llegar en 1969 al choque armado en la isla de Zhenbao, Damanski para los rusos, con centenares de militares muertos, la mayoría chinos.

En esa búsqueda de un espacio propio y de creciente distanciamiento de la Unión Soviética, el PCCh desarrolló durante la Guerra Fría la llamada «teoría de los tres mundos». Esta teoría difería de la tradicional de Alfred Sauvy, que identificaba el primer mundo con Estados Unidos y sus aliados, el segundo con la Unión Soviética y sus gobiernos satélites, y el tercero con los países no alineados. La singularidad más notable de la teoría de los tres mundos de Mao era que situaba en una misma categoría a Estados Unidos y la Unión Soviética como potencias hegemónicas dentro del primer mundo. El segundo mundo estaba compuesto por Estados desarrollados y el tercer mundo por los países en vías de desarrollo y subdesarrollados de África, América Latina y Asia. En la conferencia de Bandung (1955), a la que acudieron sobre todo líderes de Asia y África, algunos de

los cuales acababan de inaugurar la independencia, un ple-
tórico Zhou Enlai colocó a China como referente al tercer
mundo, haciendo guiños de complicidad en su discurso al
segundo mundo (incluyendo a Japón y Alemania), y atacan-
do al primero por imperialista[6]. La relación del maoísmo
con «otros países en vías de desarrollo» había sido secundaria hasta 1960, momento en el que se tornó prioritaria ante
el distanciamiento con la Unión Soviética[7]. A pesar de su
debilidad financiera, la RPCh realizó contribuciones acti-
vas al desarrollo de varios países del tercer mundo, como
la construcción del tren Tanzania-Zambia, que seguía la estela de los préstamos realizados con anterioridad a países
como Camboya, Nepal o Indonesia. Esto facilitó que la
RPCh recibiera el reconocimiento diplomático de un buen
número de Estados, lo que fue clave para su entrada en Naciones Unidas.

Acercamiento a Occidente

La aparición de la doctrina Breznev, en noviembre de 1968,
que atribuía el derecho de la Unión Soviética a la intervención armada en caso de considerar que un país socialista
estaba caminando hacia el capitalismo, hizo temer al PCCh
una invasión soviética en su territorio. Dicha doctrina era
usada por Moscú para justificar de forma retroactiva el intervencionismo armado del Pacto de Varsovia en las revueltas de Alemania Oriental de 1953, la revolución de Hungría
de 1956 y la primavera de Praga de 1968. El hecho de que
su promulgación en el periódico *Pravda* coincidiera con un
periodo de enorme inestabilidad política dentro de China

(la Revolución Cultural), y el aumento de la conflictividad entre la Unión Soviética y China, encendió las alarmas en Pekín. Este contexto de profunda desconfianza entre Moscú y Pekín fue el caldo de cultivo que propició el acercamiento entre China y Estados Unidos. Los intereses de Pekín coincidieron con los de Washington, que pretendía aislar a la Unión Soviética y romper de este modo el bloque comunista.

Además, para los comunistas chinos era evidente el enorme impulso que podía darles un acercamiento a Washington en su batalla diplomática con la República de China. Los contactos discretos entre ambos gobiernos desembocaron en la visita a China del secretario de Estado estadounidense, Henry Kissinger, en 1971, y en la del presidente Nixon al año siguiente. 1971 también fue el año de la entrada de la RPCh en la ONU y la consecuente expulsión de la República de China, pues el reconocimiento de una sola China con capital en Pekín era una condición indispensable para la RPCh tanto para integrarse en la ONU como para establecer relaciones diplomáticas oficiales con otros Estados. Esto lo pudo comprobar la España franquista en 1973, cuando al reconocer diplomáticamente a la RPCh tuvo que anular pública y oficialmente su reconocimiento diplomático al gobierno de la República de China en Taipéi, a pesar de la buena sintonía política existente.

La llegada al poder de Deng Xiaoping también supuso cambios de calado en la política exterior china. Para Mao, el acercamiento a Estados Unidos estaba motivado exclusivamente por cuestiones de seguridad nacional y fue ideológicamente muy costoso, entre otras cosas por la dificultad de explicárselo a una población que llevaba décadas recibiendo el mensaje de que era un enemigo de China: «Estrechar la mano del bandido es también para eliminarlo, al fin y al cabo»[8], llegó a escribirse en el diario del PCCh, *Renmin Ribao*, a escasos meses del reconocimiento diplomático entre China y Estados Unidos en enero de 1979. Deng fue más allá que Mao y profundizó sus vínculos con Washington, especialmente en el ámbito económico, al entender que Estados Unidos y sus aliados podían jugar un papel fundamental en el proceso de internacionalización de la economía china que él quería impulsar. Al igual que había sucedido en otros lugares de Asia oriental, incluyendo Taiwán, el arribo de capital y tecnología occidentales, junto a la apertura de sus mercados, se veía como una extraordinaria oportunidad para el desarrollo nacional.

La perestroika de Mijaíl Gorbachov y la decadencia de la Unión Soviética hicieron que el peligro soviético dejara de existir, lo que llevó a la normalización de las relaciones con Moscú en 1989. Ese mismo año, la represión de los manifestantes de la plaza de Tiananmen provocó el rechazo de la opinión pública internacional, con el consiguiente bloqueo a los intereses chinos, sobre todo por parte de los países occidentales. Ante el desmoronamiento de la mayoría de los regímenes políticos comunistas, existía el convencimiento entre muchos gobiernos y expertos internacionales de que el régimen del PCCh tenía los días contados y sería sustituido por una democracia de corte liberal. Por otra parte, la desaparición de la Unión Soviética convertía a la RPCh en el último gigante comunista, por lo que no solo perdía su utilidad como contrapeso a la Unión Soviética, sino que, a ojos de las autoridades chinas, pasaba a quedar en el punto de mira norteamericano como objetivo de la hegemonía universalista liberal. Ante esa situación de vulnerabilidad, Deng impuso una estrategia exterior de perfil, conocida como «la estrategia de los 24 caracteres»:

> Observar con calma; asegurar nuestra posición; afrontar los hechos con tranquilidad; esconder nuestras capacidades y ganar tiempo; mantener un perfil bajo; y nunca reclamar liderazgo[9].

Esta estrategia permitió al ejecutivo chino centrarse en los problemas internos del país y en su desarrollo doméstico, en un momento de aislamiento diplomático. La efectividad de esta política es evidente y propició un periodo de espectacular crecimiento socioeconómico en la década de 1990 que posibilitó en apenas diez años que esta situación diera la vuelta y se empezara a hablar en los medios académicos del «siglo de China»[10].

El sustituto de Deng en la dirección del país, Jiang Zemin, se encontró con un mundo donde el comunismo vivía replegado y en horas bajas, mientras que para China era prioritario seguir apostando por el crecimiento. Tras un debate dentro del seno del Partido, se decidió apostar por un mayor nacionalismo como fuente de legitimidad, lo cual casaba mal con la entrada de China en la Organización Mundial del Comercio (OMC) y el estrechamiento de relaciones con Estados Unidos, que China necesitaba a fin de atraer inversiones extranjeras. Jiang tuvo que afrontar los diferentes problemas internacionales de su periodo, como la tercera crisis del estrecho de Taiwán (1995-1996), el bombardeo de la embajada china en Belgrado en 1999 o el aterrizaje forzoso de un avión de reconocimiento estadounidense en la isla de Hainan (2001), asentado en esta contradicción, y siempre optó por mantener la apertura internacional frente un nacionalismo belicista[11].

Los atentados del 11 de septiembre de 2001 redujeron estas tensiones entre Pekín y Washington, evitando lo que algunos analistas empezaban a vislumbrar como una segunda Guerra Fría. Otro antagonista aparecía en el horizonte estadounidense, que se embarcó en la guerra contra el terrorismo, y China aprovechó la oportunidad de posicionarse como un aliado en este empeño, apoyando diplomáticamente la intervención de Estados Unidos contra el régimen de los talibanes. Esto permitió a las autoridades chinas disfrutar de un contexto geopolítico más benigno para centrarse en su desarrollo interno e intensificar y legitimar internacionalmente su lucha contra el terrorismo y la disidencia política en Xinjiang. En esta nueva fase de entente cordial, el secretario de Estado estadounidense, Colin Powell, calificó las relaciones entre ambos países como la mejores de siempre[12]. Además, China ganaba prestigio internacional con esta política exterior de perfil bajo combinada con un vertiginoso desarrollo interno, como evidenciaron las elecciones de Pekín en 2001 y Shanghái en 2002 para celebrar respetivamente los Juegos Olímpicos de 2008 y la Exposición Universal de 2010.

Hu Jintao, que estuvo al frente del PCCh entre 2002 y 2012, tuvo que enfrentarse a una situación internacional dominada por un creciente intervencionismo militar de los Estados Unidos —incluso sin el referéndum de la ONU, como en Irak— y la necesidad de contrarrestar los temores ante el ascenso chino. Para este propósito, Hu intensificó el aparato propagandístico del régimen, dedicado a proyectar una imagen pacífica y amigable de China en el mundo, encapsulada en el término «desarrollo pacífico». Sin embargo, los cambios que se estaban dando en el equilibrio de fuerzas entre China y Estados Unidos hicieron que comenzara a cuestionarse la vigencia de una política exterior de perfil bajo. La crisis financiera internacional iniciada en Estados Unidos creó la tesis en muchos gobernantes y académicos chinos de que el poder mundial se estaba moviendo de Occidente a Oriente, y que un nuevo orden multipolar estaba haciendo su aparición, lo que daba a China un lugar prioritario en el mundo. Esto se empezó a materializar con la primera cumbre de los BRICS en 2009 y el desplazamiento del G-8 por el G-20 como principal foro de gobernanza de la economía internacional. Al final del mandato de Hu, se estaba alumbrando, a todas luces, un giro en la política exterior china.

Una política exterior de gran potencia

La llegada de Xi Jinping al poder en 2012 estuvo marcada por un mayor asertividad diplomática, dejando atrás la política exterior de perfil bajo, que ya había empezado a cuestionarse en los últimos años de Hu. Xi consideraba que había llegado el momento preconizado por Deng Xiaoping («esperar el momento justo»), y se lanzó a desarrollar una política exterior de gran potencia, buscando un mayor liderazgo internacional que sus predecesores en el cargo[13].

En el libro escrito por Xi, *La Gobernación y Administración de China*[14], se apuntan las principales pautas de la nueva política exterior del país, que mantienen bastantes de las líneas maestras de la política anterior: la búsqueda de un entorno internacional pacífico para seguir profundizando en el desarrollo doméstico; la defensa de la soberanía y la integridad territorial de China; el apoyo a un orden internacional más justo e inclusivo en el marco de las instituciones existentes; la diplomacia como vía preferente para la resolución de conflictos; la promoción de relaciones interestatales basadas en el respeto mutuo y el beneficio común; la oposición al hegemonismo, al expansionismo y a las relaciones internacionales basadas en la beligerancia; y la no injerencia en los asuntos internos de los países. A estos planteamientos, Xi incorpora dos nuevos conceptos: diplomacia de gran potencia con características chinas y un nuevo modelo de relaciones entre grandes potencias.

La diplomacia de gran potencia conlleva trabajar activamente para posicionarse en la primera línea de la diplomacia mundial y ser reconocido dentro de la comunidad internacional como un actor protagónico, por ejemplo, ejerciendo un papel activo y constructivo en áreas como el cambio climático, la lucha contra el terrorismo, la no proliferación nuclear o las misiones de mantenimiento de la paz de Naciones Unidas. Con su nuevo modelo de relaciones entre grandes potencias, Xi proponía una nueva forma de tratar con Estados Unidos, basada en el reconocimiento mutuo de los intereses nacionales fundamentales de cada potencia. Esto suponía para China alcanzar un desarrollo socioeconómico similar al de las potencias tradicionales y completar su proyecto de reunificación nacional, que incluye Taiwán y los territorios que disputa con varios de sus vecinos. Este formato de relación entre grandes potencias implica, a ojos de Pekín, un reconocimiento de esferas de influencia, lo que evitaría la intromisión de Estados Unidos a medida que recurre con más frecuencia e intensidad a tácticas coercitivas para intentar incorporar Taiwán dentro de la RPCh y resolver los contenciosos territoriales en los que está envuelta, por ejemplo, en la cordillera del Himalaya y en los mares de China Meridional y de China Oriental.

En la última década, mientras ampliaba la modernización de su ejército y avanzaba su economía, China también ha sido muy activa en los foros internacionales. Con la red de embajadas más amplia del planeta, ha incrementado sus colaboraciones voluntarias dentro del sistema de las Naciones Unidas, sobre todo en las instituciones centradas en desarrollo y misiones de paz. Esto, unido a una diplomacia de asociaciones (de 72 asociaciones bilaterales con otros Estados o regiones en 2014, ha pasado a 112 en 2020), ha hecho que China sea el único país del mundo en tener hasta cuatro funcionarios dirigiendo agencias especializadas de Naciones Unidas al mismo tiempo. También se han desarrollado plataformas de cooperación regionales como la Organización de Cooperación de Shanghái, el Foro para la Cooperación entre China y África, el Foro China-CELAC con la Comunidad de Estados Latinoamericanos y Caribeños, el Foro de Cooperación entre China y los países de Europa Central y Oriental, el Foro de Cooperación China-Estados Árabes y el Foro de Desarrollo Económico y Cooperación China-Países Insulares del Pacífico.

La capacidad de China para despertar expectativas económicas positivas fue obvia con el lanzamiento de la Iniciativa de la Franja y la Ruta en 2013, a la que se han sumado 138 Estados y 29 organismos internacionales y que ha desarrollado proyectos de infraestructuras por valor de más de 700.000 millones de dólares entre 2013 y 2019 por todas las regiones del planeta, salvo Norteamérica: la creación del Banco Asiático de Inversión en Infraestructuras, con sede en Pekín, en el que participan países tradicionalmente de la órbita de Estados Unidos como Reino Unido, Australia o Corea del Sur, y el establecimiento del Nuevo Banco de Desarrollo, con sede en Shanghái, que es el banco multilateral de los BRICS. Esto contrasta con el endurecimiento de la retórica de parte de la diplomacia china, los llamados «lobos guerreros», diplomáticos siempre dispuestos a la confrontación verbal y a utilizar un lenguaje agresivo y amenazante. Un caso paradigmático es el del embajador chino en Francia, que ha insultado a académicos franceses, distribuido noticias falsas sobre el sistema de salud francés durante la pandemia de covid-19 o negado la soberanía de los Estados postsoviéticos. Esta beligerancia dialéctica refleja una creciente tolerancia de las autoridades a entrar en crisis con otros actores para defender sus intereses. Así lo evidencia, por ejemplo, la ampliación y militarización de islas artificiales en el mar del Sur de China en zonas en disputa con otros gobiernos, o la mayor frecuencia del uso de la coerción económica, que ha afectado a países tan diversos como Australia, Chile, Corea del Sur o Lituania.

El afán de Xi por aumentar la influencia internacional de China se vio beneficiado por el unilateralismo y el proteccionismo de la administración Trump. Esto facilitó, por ejemplo, que China se presentara como líder de la lucha contra el cambio climático y la liberalización comercial. Pero ni el Gobierno de Trump ni el posterior de Biden han aceptado la forma de relación entre grandes potencias preconizada por Pekín, estableciendo una estrategia de contención selectiva, especialmente en el sector de la alta tecnología, y con una fuerte presión ante las violaciones de los derechos humanos en China durante el mandato de Biden. Este factor ha sido determinante para que las autoridades chinas hayan tenido que afrontar un entorno internacional más desfavorable en el último lustro, especialmente tras el estrechamiento de la coordinación entre Estados Unidos y sus aliados al interactuar con China, como evidencia la creación de una alianza entre Australia, Estados Unidos y el Reino Unido, conocida como AUKUS, o la inclusión de China por primera vez en el concepto estratégico de la OTAN en 2022. Por su parte, China sigue siendo reacia a entablar alianzas militares, aunque está reforzando sus relaciones con países geopolíticamente hostiles al bloque occidental, entre los que destaca Rusia, con quien publicó un ambicioso comunicado conjunto apenas tres semanas antes de la invasión de Ucrania. A esto hay que añadir el deterioro importante que sufrió la imagen internacional de China en muchos lugares tras el inicio de la pandemia de covid y la pérdida de dinamismo de la financiación china en el exterior, que no ha parado de descender desde 2016 y que es claramente inferior a la del Banco Mundial desde 2018.

En este contexto, Xi seguirá desarrollando una política exterior orientada a maximizar tres elementos: las capacidades económicas, tecnológicas y militares de China; su influencia internacional; y la posición de poder del propio Xi dentro del régimen. Estos elementos pueden entrar en contradicción entre sí, por lo que no será extraño ver a China contribuyendo al mantenimiento de bienes públicos globales e intensificando la cooperación con actores de otros países a la vez que aumenta su asertividad a la hora de defender sus intereses nacionales, incluyendo el uso de la coerción económica y de la fuerza militar.

La influencia internacional de China ha aumentado de manera muy significativa en los últimos treinta años, pasando de ser un paria internacional tras el aplastamiento del movimiento estudiantil de Tiananmen y el desmoronamiento del bloque soviético al segundo país más poderoso del planeta, solo por detrás de Estados Unidos. A continuación, se explica cómo esto ha sido posible gracias a un desarrollo vertiginoso de sus capacidades económicas, militares y diplomáticas.

Los vectores de poder de China: económico, militar y normativo

En la historia de la humanidad, ningún país había sido capaz de aumentar su peso dentro de economía global con la intensidad y la velocidad con que lo ha hecho China en los últimos cuarenta años. El crecimiento del PIB chino y su peso en la economía global ha sido una constante en las últimas cuatro décadas hasta convertir a China en una gran potencia económica. Las cifras hablan por sí solas. La participación de China en el PIB mundial, ajustado por Paridad de Poder Adquisitivo (PPA), ha pasado del 2,26 % en 1980 al 18,92 en 2023 y se estima que aún podría crecer casi un punto más en el próximo lustro, hasta el 19,72 % en 2028[15]. Según esta métrica, la economía china lleva una década siendo la mayor del mundo. Además, a pesar de su deceleración, se espera que siga siendo la economía que más contribuya al crecimiento económico mundial en el próximo lustro. Según la consultora financiera Bloomberg, la cuota de China en el crecimiento del PIB bruto mundial entre 2023 y 2028 será del 22,6 %, muy por delante de la India (12,9 %) y Estados Unidos (11,3 %).

Este creciente protagonismo internacional de la economía china se inserta en un proceso más amplio, por el que China lidera el auge de las economías emergentes frente a la pérdida de peso de las potencias tradicionales. En 2023 el peso conjunto de las economías de los BRICS superó a las del G-7: 31,5 frente al 30 % del PIB mundial calculado por PPA.

El enorme tamaño de la economía china es muy relevante en términos de influencia internacional, pues le permite, salvo en casos puntuales como con Estados Unidos o la UE, establecer vínculos asimétricos favorables para sus intereses. Para los socios económicos de China sus relaciones bilaterales con el gigante asiático suelen ser más importantes que para la parte china. Ilustremos esto con un caso extremo, como es el comercio bilateral entre China y Mongolia, que dirige a su vecino del sur más del 80 % de sus exportaciones y recibe de este más del 30 % de sus importaciones. Sin embargo, para China, su comercio bilateral con Mongolia apenas supone el 0,15 % de su comercio internacional. Es evidente, por tanto, que Mongolia se juega mucho más que China en los lazos que mantienen entre sí. Esto supone que China pueda recurrir frecuentemente a la coerción económica —al menos en 123 ocasiones entre 2010 y 2022— a la hora de defender sus intereses en la arena internacional[16].

Uno de los grandes atractivos que tiene China para otros países es su mercado, con una población descomunal y de creciente poder adquisitivo, lo que se traduce en una clase media de más de 700 millones de personas y, según la revista

Forbes, en más de un tercio del total de multimillonarios del mundo[17]. Esto ha convertido a China en un destino preferente para empresas extranjeras deseosas de ampliar mercado para sus productos, lo que ha consolidado a este país entre los principales destinos para la inversión internacional. Además, China es la mayor potencia exportadora e industrial del mundo. En 2021, las exportaciones chinas superaron los 2,84 billones de dólares y prácticamente doblaron a las de la segunda potencia exportadora, Estados Unidos[18]. Es más, China no solo vende productos finales, también productos intermedios, lo que afecta a las cadenas de suministros internacionales. Esto es factible gracias a la enorme competitividad de las empresas chinas, que las convierte en proveedores atractivos para numerosas empresas extranjeras. Así lo evidencia el notable incremento del peso de China en el comercio en valor añadido mundial. Según los datos de la OCDE, cuando China entró en la OMC en 2001 sus exportaciones suponían casi el 10 % del valor añadido de las exportaciones mundiales, cifra que en 2019 había ascendido prácticamente al 23 %, solo por detrás de Alemania[19].

China también se ha convertido más recientemente en una potencia financiera, en parte gracias al abultadísimo superávit comercial que ha ido acumulando a lo largo de los años. Solo en 2022 China tuvo una balanza comercial positiva récord de casi 877.000 millones de dólares, equivalente al PIB de Suiza. Es más, el atractivo de la RPCh como socio internacional a veces es mayor del que sugiere su estatus como uno de los principales inversores y financiadores internacionales, consecuencia de que las grandes decisiones económicas internacionales de las empresas chinas están muchas veces condicionadas, cuando no determinadas, por las autoridades políticas de este país. De ahí que haya una relación muy evidente a ojos de los líderes de otros países entre el nivel de sintonía política con Pekín y su capacidad para atraer financiación e inversión desde China. Esto, junto a sus importantes reservas de hidrocarburos, explica que Angola y Venezuela sean respectivamente los Estados que más préstamos han recibido de China en sus respectivas regiones, acumulando el primero el 27 % de la financiación china a África entre 2000 y 2020 y el segundo el 44 % de la recibida por Latinoamérica y el Caribe entre 2005 y 2022[20]. Los préstamos chinos, a pesar de ofrecer en general peores condiciones que los concedidos por la banca multilateral tradicional, son atractivos para países que no pueden acceder a otras vías de financiación o que no quieren realizar las reformas que algunos organismos internacionales vinculan a la financiación que conceden.

Además, China también destaca internacionalmente por el impresionante desarrollo tecnológico que ha obtenido en las últimas décadas. Dicho desarrollo ha ido a la par de su avance económico, haciendo el ejecutivo chino que ambas vayan de la mano. Por ejemplo, un país que deseé modernizar y ampliar su red de telefonía e internet puede solicitar tanto la tecnología como la financiación a China para este cometido. De hecho, el momento clave en el que el mundo se dio cuenta de este potencial chino fue con el surgimiento de la tecnología 5G. Los avances en la carrera espacial, incluyendo el lanzamiento de satélites para otros países, también ha sido clara señal de la capacidad innovadora de China y de su independencia para lograr sus objetivos tecnológicos.

La financiación y la tecnología chinas permiten a estos Estados en vías de desarrollo, o con tensiones geopolíticas con Occidente, acometer proyectos de infraestructura en sectores clave como el transporte, la energía y las telecomunicaciones, que teóricamente deben contribuir estructuralmente a impulsar su crecimiento económico. La Iniciativa de la Franja y la Ruta, conocida coloquialmente como «la Nueva Ruta de la Seda» es el ejemplo más significativo de este nuevo vector de influencia china. Desde su anuncio en 2013 hasta 2022, esta iniciativa ha movilizado financiación e inversiones productivas por valor de casi un billón de dólares, con flujos en los últimos años cercanos a los 70.000 millones de dólares anuales[21].

En cualquier caso, también conviene considerar que hay gobiernos extranjeros decepcionados con China, algunos porque consideran que sus promesas de financiación e inversión no se han traducido en proyectos concretos, y otros porque se enfrentan a problemas para hacer frente a la deuda en que han incurrido. Asimismo, se ha evidenciado cómo la falta de estándares normativos y de gobernanza adecuados ha llevado a que un porcentaje significativo de los mismos —un 35 % hasta 2020— haya encontrado problemas de implementación significativos, incluyendo protestas públicas, escándalos de corrupción, violaciones de derecho laboral o problemas medioambientales[22]. Además, muchos de estos proyectos también han generado una dudosa rentabilidad económica para China, cuyas autoridades se han vuelto menos proclives a financiar grandes proyectos de infraestructura y más atentas a gestionar los riesgos económicos y reputacionales derivados del fracaso de los mismos. Antes de la pandemia, datos del American Enterprise Institute apuntaban a que la BRI llegó a acumular 100.000 millones de dólares estadounidenses de activos dudosos. A eso se añade una exposición del 60 % de su cartera de créditos internacionales a Estados con crisis de deuda en 2022, y un monto de unos 200.000 millones de dólares estadounidenses en rescates financieros desde 2016[23]. Por otro lado, las autoridades chinas consideran que estamos en un entorno internacional de creciente riesgo geopolítico, que no es propicio para conceder grandes préstamos a países inestables ni para financiar proyectos a largo plazo.

En este contexto, pasado su ímpetu inicial, la Nueva Ruta de la Seda ha perdido pujanza. Habrá que ver si China es capaz de revitalizar la Iniciativa de la Franja y la Ruta en este contexto, en el que ha disminuido el apetito por esta iniciativa tanto fuera como dentro de China, o si se apoya más en otros instrumentos como el Banco Asiático de Inversión en Infraestructuras, con sede en Pekín, o el Nuevo Banco de Desarrollo, con sede en Shanghái, donde China también tiene un papel preponderante. La creación en 2018 de la Agencia China de Cooperación Internacional al Desarrollo y el lanzamiento en la Asamblea General de Naciones Unidas de la Iniciativa de Desarrollo Global por parte de Xi Jinping en 2021 también pueden ir en esa línea.

Sobre la base de unas crecientes capacidades financieras y tecnológicas, China se ha embarcado en un proceso de profunda modernización de sus fuerzas armadas. Al contrario de lo sucedido con la Unión Soviética o Corea del Norte, China no ha priorizado el crecimiento militar a costa de un desajuste económico por la sobreinversión en el sector. El modelo chino es mucho más sostenible, puesto que va acompasado a su crecimiento económico. Es la cuarta modernización preconizada por Deng Xiaoping, asumible solo después de que el país se convirtiera en una potencia económica. En 2022 China tenía el segundo presupuesto militar más alto del mundo; según el Instituto Internacional de Estudios para la Paz de Estocolmo (SIPRI), ascendía a 292.000 millones de dólares, lo que equivalía al 1,6 % de su PIB. Esta cifra está claramente por debajo del 2,2 % de la media mundial y es menos de la mitad del 3,5 % de Estados Unidos[24]. Lo militar, lo económico y lo tecnológico van así de la mano, creando un triángulo entre cuyos lados se buscan sinergias, como evidencia la profundización de la fusión civil-militar bajo el mandato de Xi Jinping: una política orientada a estrechar la cooperación entre los sectores público y privado y la integración de la industria militar dentro del conjunto del tejido productivo y del ecosistema de ciencia e innovación. De ahí medidas como la reducción desde 2021 a las barreras para a la creación de empresas privadas de defensa o los programas de incentivos para la cooperación entre la industria militar e instituciones de investigación civiles. De esta forma se intentan solucionar las deficiencias tradicionales de la industria militar china —como ineficiencia, corrupción y dificultad para innovar— y convertir a este país en una gran potencia militar autosuficiente, que no dependa del exterior. La hoja de ruta marcada por Xi Jinping en 2017 durante el XIX Congreso Nacional del PCC es clara: el año 2035 para modernizar completamente el ejército y 2049, centenario de la fundación de la RPCh, para tener un ejército de primer nivel mundial.

Este énfasis en el desarrollo de las fuerzas armadas refleja la visión de las autoridades chinas de que su país ocupa actualmente un lugar en el orden mundial inferior al que merece y que el aumento de las capacidades del Ejército Popular de Liberación es fundamental para el mantenimiento del régimen. La importancia del Ejército como seguro para la continuidad en el poder del PCCh va más allá de su papel en la represión de eventuales amenazas externas o internas contra el régimen, como quedó patente tanto durante la Revolución Cultural como durante el movimiento estudiantil de Tiananmen. Desde la cúpula del Partido se considera que el desarrollo de las capacidades militares de China es clave para consolidar sus dos principales fuentes de legitimidad: el desarrollo económico y el nacionalismo.

La economía china está muy internacionalizada, tanto por una notable y creciente presencia exterior de sus empresas, como por una abrumadora actividad comercial. De ahí que el Ejército Popular de Liberación deba tener suficiente capacidad para proyectar fuerza fuera de sus fronteras y poder defender esas inversiones y cadenas de suministro. Además, el aumento del nivel de vida de la población requiere incrementar el protagonismo de las actividades de alto valor añadido dentro del conjunto de la economía. Como acabamos de mencionar, las autoridades están intentando aumentar la interrelación de la industria de la defensa con el resto de la economía, lo que también podría generar avances tecnológicos con aplicaciones comerciales significativas fuera del campo militar. Asimismo, para sustantivar su imagen como campeón del nacionalismo chino, el PCCh necesita mostrar su capacidad para defender los intereses nacionales y hacer frente a amenazas externas en zonas tan conflictivas como el estrecho de Taiwán o el mar del Sur de China.

En este contexto no es de extrañar que el gasto militar de China haya crecido de forma muy significativa en las últimas tres décadas. De hecho, su presupuesto militar aumentó un 7 % en 2023, a pesar de la ralentización del crecimiento económico del país. El presupuesto militar de China lleva creciendo de manera ininterrumpida desde 1992, lo que supone la racha más larga de aumento del presupuesto militar de cualquier país incluido en la base de datos de gasto militar del SIPRI.[25] Paralelamente, se ha impuesto una profunda trasformación de la doctrina estratégica del Ejército Popular de Liberación. Se abandonó la estrategia de la «guerra popular», basada en tácticas de guerrilla dentro del territorio nacional, donde el Ejército chino saldría victorioso gracias a su superioridad numérica. En su lugar se han adoptado doctrinas que dan más importancia a la guerra de posiciones, a la adquisición de armamento moderno, a la proyección de fuerza más allá de las fronteras nacionales, al desarrollo de sistemas aéreos, navales y espaciales y a la coordinación entre los diferentes servicios. Estos esfuerzos han permitido que China cuente con algunas armas modernas que le confieren rango de gran potencia.

Dentro del crecimiento militar chino es de destacar el de su flota, fundamental para controlar la zona del Indo-Pacífico y desplazar la presencia estadounidense en la región, así como para apoyar sus reivindicaciones territoriales en los mares del Sur de China y de la China Oriental, y sus pretensiones de anexión de Taiwán. Para ello, las autoridades de Pekín han creado la mayor flota del mundo, aunque no por tonelaje, con 425 buques y naves de guerra contabilizados por la propia marina china[26]. Su ritmo de crecimiento es tan rápido que el tonelaje de los buques de guerra chinos incorporados a su marina entre 2014 y 2018 es superior al total de las armadas francesa, alemana, india, italiana, surcoreana, española y taiwanesa juntas. Esta tendencia no ha disminuido, y en 2021 la armada china encargó al menos nueve cruceros y destructores más, varios buques y submarinos de misiles, y en 2022 el tercer portaviones de la flota.[27] También destaca el desarrollo de los submarinos nucleares de misiles balísticos clase Jin, que le ha permitido a China completar su triada nuclear y asegurarse la capacidad de contraataque nuclear, lo que debería poder disuadir cualquier ataque nuclear contra este país. Sin embargo, el Ejército chino sigue sobresaliendo más en términos cuantitativos que cualitativos. Casos como el del vehículo de planeo hipersónico DF-ZF, donde China está a la vanguardia tecnológica mundial, siguen siendo escasos.

No obstante, los avances en la incorporación de armamento puntero al arsenal del Ejército Popular de Liberación son evidentes y se fundamentan en el desarrollo de la industria de defensa nacional, siendo cada vez menos dependientes de otros países. Las importaciones de armamento chinas han provenido principalmente de Rusia y, en menor medida, de Israel y Ucrania. Estos avances de su industria militar nacional y de las capacidades de su Ejército también ofrecen a la diplomacia china nuevas vías de actuación. Por ejemplo, para mostrarse como un socio atractivo a través de la cooperación militar con otros Estados con los que mantiene afinidades geoestratégicas y como un actor capaz de contribuir a la paz y estabilidad internacional mediante su participación en misiones internacionales. China se ha convertido en el cuarto mayor exportador mundial de armamento, por detrás de Estados Unidos, Francia y Rusia, aunque su cuota del mercado global es apenas superior al 5 %[28]. Los principales receptores de tecnología y cooperación militar china son Pakistán, Irán, Siria, Corea del Norte, Venezuela o la República Democrática del Congo[29]. En la mayoría de los casos son países asiáticos y africanos, no democráticos, que vulneran severamente los derechos humanos de su población y frecuentemente están geopolíticamente enfrentados a Estados Unidos. De esta manera, las transferencias chinas de armamento consiguen un doble objetivo: geopolítico, aumentando su influencia internacional a costa de las potencias tradicionales; y económico-tecnológico, generando recursos financieros para su industria militar. Además, bajo el mandato de Hu Jintao, el Ejército Popular de Liberación comenzó a tener un papel más activo en misiones internacionales multilaterales, ya fuera en la coalición internacional contra la piratería en el golfo de Adén o en las misiones de paz de Naciones Unidas. Esta tendencia se reforzó durante el primer mandato de Xi Jinping, convirtiendo a China en el miembro permanente del Consejo de Seguridad con más cascos azules desplegados en misiones internacionales y en el segundo mayor contribuyente financiero a dichas misiones. Estas actividades ayudaron a mejorar la reputación internacional de China y a que sus fuerzas armadas adquirieran experiencia táctica y técnica, lo que es particularmente valioso para un ejército que no ha conocido el combate abierto desde la guerra de 1979 contra Vietnam.

Este esfuerzo para potenciar las capacidades militares del país no ha sido incompatible con que Xi Jinping sea el líder en la historia de la RPCh que más empeño ha puesto en participar en la gobernanza internacional. La diplomacia china ha sido enormemente activa bajo su mandato a la hora de intentar influir en los organismos y las normas internacionales. Así lo reconoció el propio Xi en junio de

2018 durante una Conferencia Central de Trabajo sobre Asuntos Exteriores del Partido, cuando indicó que China debía «liderar la reforma del sistema de gobernanza global con los conceptos de equidad y justicia»[30] en una referencia velada a su apoyo a un orden internacional multipolar en detrimento de la hegemonía estadounidense.

En sus intentos por que el derecho y las organizaciones internacionales reflejen sus valores e intereses, las autoridades chinas han recurrido a las instituciones multilaterales tradicionales, por ejemplo, a las creadas por los acuerdos de Bretton Woods y, especialmente, al sistema de Naciones Unidas. De hecho, las ambiciones oficiales de reforma del orden internacional —como las manifestadas en el artículo 19 de la Ley de Política Exterior, aprobada en junio de 2023— se combinan con el énfasis en el mantenimiento de las Naciones Unidas como núcleo del sistema internacional. Paralelamente, la diplomacia China también ha creado instituciones lideradas desde Pekín, entre las que destacan la Organización de Cooperación de Shanghái (2001), los BRICS (2009), el Banco Asiático de Inversión en Infraestructuras (2014) y los foros regionales que China mantiene respectivamente con los países del Sudeste Asiático (1997), africanos (2000), árabes (2004), de Europa central y oriental (2012), de Latinoamérica y el Caribe (2015), y de Asia central (2023).

Esto no quiere decir que China sea una potencia revisionista que vulnera constantemente el derecho internacional vigente y que propone sistemáticamente un ordenamiento normativo alternativo[31]. La RPCh, como la inmensa mayoría de los Estados, tiende a acatar el derecho internacional; incluso hay áreas en las que coopera de forma fructífera a su desarrollo, como se evidenció en la Cumbre del Clima de París (2015). Sin embargo, también hay ámbitos, como los derechos humanos o la gobernanza de internet, en los que sus propuestas tienen un sesgo claramente autoritario. Tanto en la Declaración Universal de los Derechos Humanos como en los tratados internacionales que ha inspirado sobre esta materia, los derechos humanos se consideran universales e indisolubles. Sin embargo, la diplomacia china aboga por una concepción relativista y fragmentada de los derechos humanos, recogida en la Declaración de Pekín de 2017, en la que su garantía se ve mediatizada por el contexto cultural y socioeconómico[32].

Además, frente al compromiso internacional para intervenir en otros países con el objetivo de evitar violaciones masivas de los derechos humanos, como el genocidio, los crímenes de guerra, la limpieza étnica o los crímenes contra la humanidad, China defiende una concepción westphaliana de la soberanía estatal como principio sacrosanto sobre el que se fundamentan las relaciones internacionales. Este discurso resulta atractivo entre quienes priorizan el desarrollo económico por encima de los derechos individuales y entre los regímenes dictatoriales, que quieren evitar críticas internacionales por sus políticas contra su propia población, lo que supone una ventaja comparativa para China frente a los gobiernos democráticos a la hora de profundizar en sus lazos con otros regímenes autoritarios, y por tanto, genera incentivos en contra de la defensa internacional de los derechos humanos.

Esta mayor confianza de los líderes chinos en su capacidad para influir en la gobernanza global también se refleja en su disposición para presentar a China como un modelo para otros países, incluso en materia política. Así lo afirmó Xi Jinping durante el XIX Congreso Nacional del PCC cuando dijo que confiamos plenamente en nuestra capacidad para maximizar las fortalezas y los rasgos distintivos de la democracia socialista china y contribuir al avance político de la humanidad[33].

Más allá del predicamento que pueda tener la China de Xi Jinping como modelo para otros países, su predecesor, Hu Jintao, ya destinó una significativa cantidad de recursos a intentar mejorar la reputación internacional del país, no solo entre las élites extranjeras, sino también entre el conjunto de la población. Bajo su mandato, China incrementó exponencialmente su diplomacia pública con la creación de una red mundial de Institutos Confucio y de centros culturales, dedicados a promover la enseñanza de la lengua y la cultura chinas. A principios de este siglo, las autoridades chinas ya eran conscientes de la enorme atención internacional que estaba generando el vertiginoso desarrollo de China y que dicha atención no siempre era positiva. En ese contexto se hacía particularmente acuciante articular una narrativa para aplacar la inquietud que pudiera generar fuera de las fronteras chinas el impacto internacional de sus profundas transformaciones. Así surgió la teoría del «ascenso pacífico» durante el primer mandato de Hu Jintao y otras iniciativas posteriores entre las que destacan bajo el gobierno de Xi Jinping el concepto de «una comunidad de futuro compartido para la humanidad» y la retórica de «todos ganan» en torno a la Nueva Ruta de la Seda. Esto ilustra un consenso entre las élites del Partido sobre la conveniencia de intentar mantener una imagen internacional positiva del país dadas las múltiples ventajas económicas y geopolíticas que conlleva: aquellas personas que tengan una imagen positiva de China serán más proclives a comprar productos chinos o a viajar a este país que quienes la tengan negativa. Asimismo, los líderes políticos cuya población tenga una imagen positiva de China tendrán más fácil cooperar con este país que aquellos cuya población sea muy crítica con el gigante asiático.

Los estudios de opinión realizados en diferentes regiones del mundo por centros de estudios demoscópicos como el Pew Research Institute, Global Scan o por el proyecto Sinophone Borderlands muestran que la población de los países en vías de desarrollo tiende a tener una imagen sustancialmente más positiva de China que la de los países desarrollados. Esto no es sorprendente si tenemos en cuenta que la RPCh tiene en las últimas décadas un historial mucho más exitoso de avances socioeconómicos que políticos, y que la ciudadanía de los países desarrollados tiende a privilegiar más las libertades y los derechos políticos que los habitantes del Sur Global, quienes se inclinan por conceder más importancia al desarrollo material. Además, los ciudadanos del Sur Global, al estar generalmente menos conformes que los de las potencias tradicionales con el reparto del poder dentro de la comunidad internacional, tienden a simpatizar más que estos con el discurso reformista chino del orden internacional.

Por supuesto, existen importantes matices dependiendo del país a tratar, pues hay otros factores que condicionan la forma en que China es percibida en el resto del mundo, por ejemplo, las afinidades o tensiones geopolíticas y la complementariedad o competencia económica de China con el país del encuestado. Un ejemplo muy evidente de cómo los factores geopolíticos influyen en la imagen internacional de China lo tenemos en la enorme brecha que separa la percepción que tienen indios y paquistaníes de este vecino común. Los indios son muy críticos con China porque la ven como una de las mayores amenazas externas de su país, especialmente por su apoyo a Pakistán y por las disputas fronterizas que mantienen en el Himalaya. Por el contrario, la mayoría de los pakistaníes mira a China como uno de los principales aliados militares y socios económicos de su país. Yéndonos a Latinoamérica, los brasileños suelen valorar a China más positivamente que los mexicanos, lo que se explica fundamentalmente porque su país tiene un cuantioso y sostenido superávit comercial con China, que es el principal mercado de las exportaciones brasileñas, consecuencia de la fortaleza del sector primario brasileño. La soja, el hierro y el petróleo suponen más de dos tercios de sus exportaciones a China. Por el contrario, la economía mexicana, más que ser complementaria con la china, compite intensamente con esta, especialmente en el mercado estadounidense, que es el más importante para México. De ahí que los mexicanos conciban a China más como un desafío que como una oportunidad económica.

Hay, además, cuestiones puntuales vinculadas con China que pueden ser interpretadas de manera muy diferentes según el país en cuestión. Por ejemplo, el hecho de que los uigures sean un pueblo túrquico y que haya una significativa diáspora uigur en Turquía explica que las violaciones masivas de derechos humanos que se cometen en Xinjiang deterioren mucho más la imagen de China en Turquía que en otros países musulmanes. O el apoyo diplomático de Xi Jinping a Putin tras la invasión rusa de Ucrania le ha pasado una factura mucho más alta a la imagen de China en los Estados miembros de la UE que en otros países occidentales como Australia.

El antagonista americano y sus aliados europeos

El gobierno chino considera a Estados Unidos como su mayor amenaza externa al entender que desde Washington se rechaza activamente la legitimidad del PCCh y se intenta contener el desarrollo interno de China y su influencia internacional. Para las autoridades de Pekín, Estados Unidos no va a aceptar en el futuro previsible que otro país, en este caso China, pueda poner en riesgo su hegemonía mundial. Ni siquiera la invasión rusa a Ucrania ha hecho variar la percepción americana de China como su mayor antagonista global, lo que ha quedado reflejado en la Estrategia de Seguridad Nacional de 2022, que ve a China como el único país con intención, y sobre todo, con capacidad, para dominar su región y modificar el orden liberal internacional[34]. Desde esta óptica, Estados Unidos ha incrementado en los últimos años su política de contención selectiva de China, especialmente en el ámbito tecnológico y diplomático. Un ejemplo que ilustra este doble fenómeno es la imposición de restricciones por parte de la administración Biden a las exportaciones de semiconductores por parte de empresas estadounidenses y la presión a los gobiernos holandés y japonés para que hicieran lo propio con compañías de sus países.

Las autoridades chinas son conscientes de esta situación y dan por hecho que van a tener que convivir durante bastante tiempo con la actual dinámica de confrontación con Estados Unidos. En un discurso ante la Asamblea Popular Nacional en marzo de 2023, el propio Xi advertía que: «Los países occidentales, liderados por Estados Unidos, han incrementado la contención y represión integral de China, lo que ha traído graves desafíos sin precedentes al desarrollo del país.»[35] De ahí que China esté tomando múltiples medidas para afrontar esta situación. Una de las más evidentes es el desarrollo de una ambiciosa política tecnológica para acelerar el desarrollo de sus capacidades particularmente en los sectores donde mantiene importantes dependencias de empresas extranjeras. Retomando el ejemplo de los semiconductores, el gobierno canalizó en este sector un fondo de inversiones de 18.000 millones de euros en 2014 y otro de 26.000 millones en 2019, y ahora parece que está a punto de lanzar un tercero por valor de 39.000 millones[36].

Asimismo, además de enfatizar, como todos sus predecesores, el rechazo a la injerencia de otros Estados en los asuntos internos de China, Xi está siendo particularmente activo a la hora de limitar las actividades de actores extranjeros, particularmente occidentales, dentro del territorio chino, endureciendo la legislación pertinente y pidiendo a la población una actitud vigilante frente a la influencia de otros países. Esto está limitando los intercambios económicos y sociales entre China y Occidente en múltiples ámbitos. Valgan de ejemplo el mayor control sobre los encuentros académicos con colegas extranjeros o las redadas policiales en consultoras extranjeras que han resultado en detenciones de personal chino y en cuantiosas multas[37]. A nivel jurídico, también se han estado desarrollando contramedidas legales contra las presiones económicas externas. El 28 de junio de 2023, el Comité Permanente del Congreso Nacional del Pueblo adoptó la Ley de Relaciones Exteriores, que consagra el derecho de China a tomar «medidas restrictivas contra actos que pongan en peligro su soberanía, seguridad nacional e intereses de desarrollo»[38]. Se codifica así lo que en la práctica ya se ejercía, advirtiendo al exterior de la tolerancia cero de las autoridades chinas con respecto a acciones que considere agresivas hacia su seguridad.

En el ámbito comercial, las autoridades chinas están aplicando sus propias restricciones a las exportaciones, por ejemplo, limitando sus ventas de galio y germanio, materiales de los que acapara respectivamente un 94 y un 83 % de la producción mundial, y que son fundamentales para la fabricación de múltiples equipos de alta tecnología. Esto ha tenido como uno de sus efectos la caída en bolsa de empresas que hoy presionan a la Casa Blanca para que llegue a un acuerdo con Pekín. Paralelamente, China está favoreciendo sus vínculos comerciales con el resto de los Estados, con reducciones arancelarias que situaron el arancel medio con estos países en el 6,5 % en 2022 frente al 8 % de 2018[39].

En la esfera diplomática, Pekín también se está reposicionando, buscando socios en su confrontación con Estados Unidos. Aquí destaca Rusia que, a pesar de haberse vuelto un aliado más incómodo tras su invasión de Ucrania, sigue siendo imprescindible como contrapeso duro frente a Estados Unidos y sus aliados. La cooperación chino-rusa se sustenta en múltiples pilares: una estrecha relación personal entre sus presidentes, con más de 40 encuentros bilaterales entre ambos desde que Xi asumiera la secretaría general del PCCh; afinidades geopolíticas, como su temor al avance del liberalismo dentro y fuera de sus países, y el consiguiente deseo de limitar la influencia internacional de Estados Unidos y sus aliados; y complementariedad económica, aportando Rusia alimentos, materias primas e hidrocarburos, y China alta tecnología e industria, además de apoyo financiero. De hecho, al igual que sucedió tras la ocupación de Crimea, la invasión de Ucrania ha aumentado la dependencia rusa de China, pues las sanciones internacionales han reducido sustancialmente los nexos de Moscú con Estados Unidos, la UE y sus aliados. Así queda patente por el acusado incremento de su comercio bilateral: un 29,3 % en 2022 y un 40,6 % interanual en el primer semestre de 2023[40]. Esta cooperación entre Pekín y Moscú también ha seguido prosperando en el ámbito de la defensa, por ejemplo, a través de maniobras militares, incluidos ejercicios navales con fuego real en el mar de China Oriental y cerca de las costas de Japón[41], y ejercicios conjuntos con otros ejércitos como el iraní[42] y el sudafricano[43]. En cualquier caso, Pekín no ha extendido un cheque en blanco a Moscú, e incluso su apoyo diplomático es limitado, como hemos presenciado en las múltiples ocasiones en que no ha votado junto a Rusia en las resoluciones de Naciones Unidas derivadas de la invasión de Ucrania y en el no reconocimiento de los territorios anexionados por Rusia.

Otra línea de actuación fundamental de la diplomacia china al tratar con Estados Unidos y sus aliados es alimentar y explotar las divisiones entre ellos, recurriendo frecuentemente a incentivos económicos, como los teóricamente asociados a la participación en la Nueva Ruta de la Seda, con macroproyectos como la adquisición mayoritaria del puerto de El Pireo y el tren de alta velocidad entre Budapest y Belgrado, mejorando el acceso al mercado chino y exponiendo las ventajas de la cooperación con empresas chinas para las transiciones digital y verde en Europa. Aunque Xi ha declarado que China corre el riesgo de perecer si busca la seguridad mediante un compromiso con Occidente, lo cierto es que las autoridades chinas se han mostrado más conciliadoras con Europa que con Estados Unidos. De hecho, su estrategia ha sido enfatizar que no existen problemas geopolíticos entre Europa y China, sino más bien intereses comunes, incluyendo asuntos centrales de la agenda global como el cambio climático, la seguridad alimentaria, la no proliferación nuclear o las pandemias[44]. Esto se ha ejemplificado a través de una intensa actividad diplomática con numerosos encuentros al más alto nivel desde finales de 2022 y durante la primera mitad de 2023, con 38 intercambios diplomáticos, dentro de una estrategia destinada a evitar que la UE se alinee con Estados Unidos contra China[45].

El resultado de esta estrategia de seducción ha sido claramente desigual. El fracaso diplomático chino es palmario en el centro y el este de Europa, cuyos vínculos con China han quedado totalmente mediatizados por la guerra de Ucrania. Los miembros de la UE más próximos a Ucrania ven ahora a China como una amenaza a su seguridad por el respaldo que ha dado a Rusia y no están dispuestos a arriesgar su cooperación militar con Estados Unidos por acercarse a Pekín. De ahí que el Foro de Cooperación entre China y los Países de Europa Central y Oriental haya perdido tres de sus miembros europeos y otros hayan reducido el nivel de su participación. Con las mayores economías de la UE el resultado es más ambivalente, en gran parte por los enormes intereses económicos que tienen en China sectores como el automovilístico alemán o el del lujo francés. Por un lado, se puede constatar el deterioro de la relación, como deja en evidencia que no se retome el proceso de ratificación del Acuerdo de Inversiones UE-China, pero también cierto éxito a la hora de contenerlo: por ejemplo, Pekín ha conseguido que el consenso transatlántico sobre China se base en la reducción de riesgos y no en la desconexión, y que la UE considere a China como socio, competidor y rival, y no como una amenaza existencial, como sí hacen las voces más duras de Washington.

La vecindad: espacio prioritario

China tiene frontera terrestre con 14 países, a los que hay que sumar otros seis limítrofes por mar. Entre ellos hay cuatro potencias nucleares y dos de las cinco mayores economías del mundo. Esto, unido a los contenciosos territoriales que aún tiene abiertos y a la fuerte presencia militar estadounidense en la región, hace que sea un asunto prioritario y complejo en la política exterior china.

La interacción de China con sus vecinos está marcada por el binomio economía-seguridad. En términos generales, los vecinos de China se han beneficiado de su dinamismo económico, lo que hace de los intercambios económicos un pilar sólido en las relaciones dentro de su región. Incluso los Estados con tensiones geopolíticas con China consideran que este país ofrece importantes oportunidades económicas, ya sea por su músculo financiero y tecnológico o por el volumen de su mercado interno.

Sin embargo, la dimensión de seguridad es más ambivalente. Por un lado, hay una preocupación generalizada a que China pudiera embarcarse en una política exterior más agresiva y expansionista, especialmente en los países que mantienen contenciosos territoriales con Pekín o que son aliados de Estados Unidos. Estos gobiernos empiezan a valorar más el elemento de seguridad y están buscando reducir su dependencia económica de China, e incluso están reforzando significativamente sus defensas en previsión de un posible conflicto armado. Por otro lado, China es un importante socio en seguridad y defensa para países como Corea del Norte, Pakistán o Rusia. Es más, los vecinos autoritarios de China —incluido el Partido Comunista de Vietnam, país con el que China se disputa las islas Paracelso— encuentran en Pekín un valioso apoyo estratégico en múltiples áreas y un contrapeso a posibles injerencias de Occidente. Además, China también es un respaldo valioso para quienes quieren reducir su dependencia de la potencia hegemónica de su región, como Rusia en Asia central o India en Asia meridional.

En este marco, la influencia de China en su vecindad tiende a ser mayor cuanto más estable es el contexto internacional en la zona y, por tanto, cobra más protagonismo la dimensión económica dentro de la política exterior. Esto también se ha visto facilitado por la negativa de la administración Trump a ratificar el Acuerdo Transpacífico de Cooperación Económica y de la administración Biden a negociar nuevos acuerdos de libre comercio, mientras China lanzaba propuestas de amplio impacto regional, como la Iniciativa de la Franja y la Ruta, el Banco Asiático de Inversión en Infraestructuras y la Asociación Económica Integral Regional. Por el contrario, cuanto mayor es la tensión geopolítica y cobra más peso el ámbito de la seguridad y la defensa, es Estados Unidos quien gana influencia, lo que Pekín identifica como el principal elemento desestabilizador de la región[46]. Paradójicamente, la política de Xi está siendo más asertiva y agresiva en su vecindad, lo que ha generado inquietud en la zona, pero también le ha permitido reforzar sus credenciales nacionalistas y el apoyo ideológico interno.

A pesar de estas tensiones y de acciones agresivas como la expansión y militarización de islas artificiales en el mar del Sur de China, los vínculos de China con los países del Sudeste Asiático han crecido notablemente durante los mandatos de Xi. En su afán por reducir la dependencia de China de las potencias tradicionales, Pekín está aprovechando sus notables capacidades tecnológicas, sus enormes flujos comerciales y de capital, y su apuesta por la conectividad para fomentar una mayor integración con sus vecinos. Si la geopolítica obstruye el intercambio comercial y tecnológico, las autoridades chinas esperan que los países de la región se unan a la cadena de suministros de China, o, al menos, se abstengan de unir esfuerzos para limitar el acceso chino a insumos y mercados críticos.

Hasta el momento, los resultados han sido muy dispares; por ejemplo, Japón se ha mostrado mucho más receptivo a limitar sus vínculos con China, especialmente en el ámbito tecnológico, 5G y semiconductores, que los países de la ASEAN. De hecho, la ASEAN es el mayor socio comercial de China desde 2020 y las inversiones de la Franja y la Ruta en el Sudeste Asiático crecieron incluso durante la pandemia, periodo en el que avanzaron proyectos muy significativos, como la primera línea de tren de alta velocidad de Indonesia, Yakarta-Bandung, y la primera línea de metro de Vietnam, en Hanoi. Además, el aumento del coste de la mano de obra en China y la conveniencia de evadir políticas comerciales agresivas por parte de Estados Unidos están empujando a empresas chinas a trasladar su actividad fuera del país. No en balde, China se convirtió en 2021 en el mayor inversor extranjero en Vietnam.

En cualquier caso, esa presencia económica no se traduce ni mucho menos de forma directa en influencia en otros ámbitos. Un caso paradigmático es Camboya, cuya dependencia de China hace que en ocasiones sea vista casi como una «colonia» del gigante asiático. Sin embargo, la diplomacia camboyana, a diferencia de la china, ha votado a favor de las resoluciones de la Asamblea General de las Naciones Unidas condenando a Rusia por su ataque a Ucrania. El gobierno chino tampoco ha sido exitoso a la hora de conseguir que sus vecinos acepten su especie de Doctrina Monroe para Asia, promulgada por Xi Jinping durante la IV Cumbre de la Conferencia sobre Interacción y Medidas de Fomento de la Confianza en Asia, celebrada en Shanghái en 2014:

En última instancia, corresponde al pueblo de Asia dirigir los asuntos de Asia, resolver los problemas de Asia y defender la seguridad de Asia. Los pueblos de Asia tienen la capacidad y la sabiduría para lograr la paz y la estabilidad en la región a través de una mayor cooperación[47].

Sin embargo, Estados Unidos ha reforzado su presencia militar en la región con la creación en 2015 y profundización en 2023 de un mecanismo trilateral junto a Japón y la República de Corea; el restablecimiento en 2017 del Diálogo Cuadrilateral de Seguridad con Australia, India y Japón; el anuncio en 2021 del acuerdo Australia, Reino Unido y Estados Unidos (AUKUS); y una intensificación de su cooperación militar con diferentes países del Sudeste Asiático como Filipinas y Singapur. A esto hay que añadir el estrechamiento de la colaboración de la OTAN con sus socios de Asia Pacífico (Australia, República de Corea, Japón y Nueva Zelanda), particularmente visible desde la cumbre de Madrid de 2022. Por otro lado, la propia Rusia, con la que China mantiene una estrecha colaboración, también ha continuado ampliando su cooperación con actores asiáticos, como India o Vietnam, que mantienen disputas territoriales con China.

En esta misma línea, a pesar del eco que han tenido conceptos como el del «collar de perlas», que alertaba de las intenciones del Ejército chino de establecer una cadena de instalaciones militares por el océano Índico, y los múltiples rumores que han surgido en los medios sobre posibles bases militares chinas en países como Afganistán, Bangladés, Camboya, Myanmar, Pakistán, Sri Lanka o Tayikistán, Pekín tampoco ha tenido éxito a la hora de conseguir que otro país asiático acoja bases para su Ejército. La única base militar china en el extranjero es la que mantiene desde agosto de 2017 en Yibuti, donde también operan bases militares de otros ejércitos como los de Arabia Saudí, Estados Unidos, España, Francia, Italia y Japón.

Al igual que en Europa, China busca acercamiento a los aliados de Estados Unidos más proclives a mantener con ella unos vínculos fluidos. Por ejemplo, la diplomacia china está intentando restañar sus deterioradas relaciones con Australia. Esta política de acercamiento incluye el aumento de compras de productos australianos, intercambios diplomáticos a nivel ministerial y la invitación hecha al primer ministro Anthony Albanese para visitar Pekín, en la que sería la primera visita de un primer ministro australiano a China desde 2016. China intenta acercarse así al que tal vez considere el miembro del Quad y el AUKUS más receptivo a sus preocupaciones.

Por último, un actor cada vez más relevante en la región es la India. En Pekín, se espera que este país mantenga una postura no alineada contra China, a pesar de sus conflictos fronterizos, partiendo de que la asimetría del poder es favo-

rable a Pekín y que ambos países participan en importantes
foros, como la Organización de Cooperación de Shanghái
y los BRICS+. Por el momento, en Pekín respiran aliviados
al ver que India se opone a intensificar la cooperación militar dentro del Quad, pero ven con preocupación cómo Nueva Delhi le disputa de forma cada vez más activa el liderazgo
del Sur Global, como pudo comprobarse en la cumbre del
G-20 celebrada en la capital india en septiembre de 2023.

A por el liderazgo del Sur Global

Para el Sur Global, —entendido aquí como África, el Caribe,
Latinoamérica, los Pequeños Estados Insulares del Pacífico
y los países asiáticos que no forman parte de la vecindad de
China— Pekín es, sin duda, más oso panda que dragón. Al no
tener conflictos territoriales con China, los gobiernos del Sur
Global no suelen percibir a este país como una amenaza directa. Es más, el discurso chino sobre el necesario respeto a
la integridad territorial y la soberanía de los Estados es enormemente atractivo para las autoridades de estos países, especialmente para aquellos cuyo liderazgo es cuestionado desde
Occidente. Frente a la amenaza de intervenciones financieras
o incluso militares lideradas directa o indirectamente desde
Washington, China ofrece a las élites no democráticas del Sur
Global una vía de reconocimiento internacional y de seguridad tanto económica como política, pues la financiación, las
inversiones y la cooperación en seguridad y defensa del gigante asiático no están condicionadas por cuestiones como el
respeto a los derechos humanos o el cumplimiento de deter-
minados estándares de gobernanza.

Incluso para las autoridades del Sur Global sin tensiones geopolíticas con Occidente, China es una alternativa atractiva para impulsar su desarrollo socioeconómico, a la que vez que reducen su tradicional dependencia de las potencias occidentales o de sus vecinos más poderosos. En Asia meridional, el hegemón regional es India, no China, y el estrechamiento de sus lazos con Pekín, además de una vía de acceso a capital, tecnología y mercados internacionales, también permite a los gobiernos de la zona aumentar su autonomía estratégica frente a Nueva Delhi. Esta diversificación fuera del paraguas occidental se mostró especialmente necesaria durante la pandemia de la covid-19, cuando China consolidó su imagen como socio esencial de muchos países en vías de desarrollo, donde sus vacunas estuvieron disponibles antes que las occidentales.

Los actuales intentos de la RPCh por liderar el Sur Global recuerdan a los realizados por Mao Zedong y Zhou Enlai durante la Guerra Fría en lo que el maoísmo bautizó como «el tercer mundo». Sin embargo, ahora los intereses de China son más amplios y van mucho más allá del reconocimiento diplomático para un régimen que aún no había conseguido consolidarse como un miembro de la comunidad internacional.

El cambio más visible es el incremento exponencial de la presencia económica china en estos países, donde busca activamente materias primas y mercados para sus empresas. De ahí que Pekín haya realizado asociaciones estratégicas con gobiernos del Sur Global que pueden contribuir a cubrir esas necesidades. Por ejemplo, con grandes promovedores de hidrocarburos como Irán, Arabia Saudí, Angola y

Venezuela. El caso de Irán es especialmente llamativo: el Acuerdo de Cooperación Estratégica bilateral firmado por 25 años en 2021 supuso un balón de oxígeno para Teherán ante las sanciones económicas estadounidenses. El cambio fue significativo, pues Pekín había evitado hasta entonces inmiscuirse excesivamente en una zona conflictiva e importante para los intereses de Washington. La mención del entonces ministro de exteriores chino, Wang Yi, de que China apoyará firmemente la salvaguarda, la soberanía y la dignidad nacional iraní, puede interpretarse como una advertencia a Estados Unidos y una señal de que su política de contención solo puede conducir a que China estreche sus vínculos con gobiernos que le son hostiles[48].

Aunque el cauce preferente para el desarrollo de los nexos de China con el Sur Global son los canales bilaterales oficiales establecidos con las autoridades de estos países, la diplomacia china genera iniciativas de alcance multilateral para contextualizar y favorecer el avance de sus intereses en estas regiones del mundo. La más conocida ha sido la Iniciativa de la Franja y la Ruta, presentada en 2013, pero más recientemente Xi Jinping ha presentado otras tres, que, según una intervención del primer ministro chino, Li Qiang, en el Foro de Boao para Asia de marzo de 2023, deberían servir para desarrollar una «comunidad de futuro compartido para la humanidad»: la Iniciativa de Desarrollo Global (GDI), la Iniciativa de Seguridad Global (GSI), y la Iniciativa de Civilización Global (GCI)[49]. La GDI, anunciada en septiembre de 2021 ante la Asamblea General de las Naciones Unidas aspira a proyectar la conceptualización china del desarrollo dentro de la ONU, vinculándola a la Agenda 2030[50]. La GSI, lanzada en la edición de 2022 del Foro de Boao para

Asia, pretende reformar los conceptos base de la seguridad colectiva, rechazando las alianzas militares y las intervenciones armadas en terceros países, en un claro posicionamiento contra Estados Unidos y su función de policía global. Por último, la GCI, de marzo de 2023, insiste en que modernización no es igual a occidentalización, y en presentar los modelos de organización política, económica y social de China como más adecuados a las condiciones específicas de los países del Sur Global que los modelos occidentales[51]. Todas estas iniciativas tienen un punto común con gran predicamento en el Sur Global, y es que abogan por una reducción de la hegemonía del orden liberal internacional.

Esto no significa que China interactúe exactamente de la misma manera con todas las regiones de la zona. Su estrategia se adapta a diferentes contextos, como podemos apreciar, por ejemplo, al comparar las narrativas que presenta su diplomacia en los foros que ha establecido con diferentes regiones del Sur Global: África, Estados Árabes, Europa central y oriental, Latinoamérica y el Caribe, y Países Insulares del Pacífico. Si comparamos África y Latinoamérica, vemos que las relaciones con el Nuevo Mundo han tendido a ser más superficiales, cambiantes, y dependientes de Washington.

Aunque se hayan diversificado bastante desde 2010, cuando las inversiones chinas en la región empezaron a ser significativas, los lazos de China con Latinoamérica son esencialmente económicos y más concretamente comerciales, pues han encontrado múltiples trabas en otros ámbitos[52]. Sin embargo, los lazos entre la RPCh y África tienen una mayor tradición, al ser a nivel político ya bastante intensas durante la Guerra Fría, y se han profundizado sin grandes sobresaltos especialmente en aquellos países con una larga continuidad entre sus élites políticas y una sociedad civil débil. En esos casos, los vínculos personales duraderos establecidos entre las autoridades chinas y africanas han facilitado que se llegase a numerosos acuerdos al más alto nivel político, cuya implementación apenas está mediatizada por la población. Sin embargo, en Latinoamérica tiende a haber una mayor cantidad de actores con capacidad de influencia sobre el devenir de las relaciones y los proyectos bilaterales, como partidos políticos, gobiernos subnacionales y comunidades locales, que demandan unos estándares laborales y medioambientales más exigentes a las empresas chinas que sus contrapartes africanas. Además, la alternancia política en Latinoamérica suele ser mayor, lo que genera incertidumbre sobre los vínculos con China más allá de la esfera comercial.

Dos casos paradigmáticos son Brasil y Argentina. En el primero de ellos, el anterior presidente, Jair Bolsonaro, se alineó internacionalmente con Donald Trump, y tanto él como su entorno más cercano realizaron múltiples declaraciones altisonantes contra las autoridades chinas. Por el contrario, su sucesor, Lula da Silva, lanzó una intensa ofensiva diplomática para estrechar los lazos con Pekín, que habían perdido fuelle fuera de la esfera comercial. El caso argentino también es significativo. Diferentes gobiernos peronistas aprobaron cuantiosos préstamos e inversiones estratégicas por parte de China en los sectores de la energía nuclear y espacial, mientras que el liberal-conservador Mauricio Macri revisó durante su presidencia varios de los acuerdos firmados con Pekín. Javier Milei fue incluso más allá, y ya como candidato a la presidencia, propuso una ruptura total de relaciones diplomáticas con China.

Asimismo, la influencia de Estados Unidos sobre las élites políticas, económicas y militares latinoamericanas es mucho mayor que entre las africanas, lo que comparativamente limita la profundización de la presencia china en América, especialmente en los ámbitos político y militar, salvo en aquellos países como Cuba, Nicaragua y Venezuela, cuyos gobiernos mantienen una dinámica hostil con Washington. Por el contrario, la vinculación con África también contiene una importante dimensión de seguridad mediante la participación china en numerosas misiones internacionales de paz, el establecimiento de una base militar en Yibuti, ventas de armamento y una incipiente presencia mediadora, especialmente en el Cuerno de África, para el que cuenta con un enviado especial desde febrero de 2022.

Todo parece indicar que los vínculos de China con el Sur Global seguirán profundizándose y, como ya sucedió tras la respuesta occidental al aplastamiento del movimiento estudiantil de Tiananmen, esta tendencia no hará más que acelerarse cuantas mayores sean las dificultades que encuentre China para tratar con las potencias tradicionales. La influencia de China en el Sur Global será particularmente intensa y estable en aquellos Estados cuyos gobiernos, generalmente no democráticos, estén enfrentados a Estados Unidos y sus aliados. En el resto de los países estará más condicionada a los incentivos económicos que pueda ofrecer Pekín.

5. Escenarios de cambio político

Dado que el Partido ejerce una enorme influencia sobre China, la supervivencia de su monopolio sobre el poder político es un factor fundamental que condicionará el futuro de este país. ¿Se relacionaría igual con el resto del mundo una China democrática que una dirigida por el PCCh o por una dictadura militar? ¿Tiene las mismas opciones China de convertirse en un líder tecnológico o militar independientemente de quien la gobierne? La respuesta a estas preguntas evidencia que resulta fundamental analizar las perspectivas de cambio político en este país.

Durante décadas, particularmente tras el desmoronamiento de la Unión Soviética, se dio por hecho que la liberalización y la internacionalización económicas impulsadas por Deng Xiaoping desde finales de la década de 1970 conllevarían más antes que después la democratización de China. Este análisis se fundamenta en la teoría de la modernización, que establece una relación entre desarrollo socioeconómico y un sistema político democrático. Según esta teoría, la modernización conlleva cambios sociales, como la urbanización, el aumento del nivel educativo de la población y la emergencia de la clase media, que provocan la expansión de nuevos valores políticos favorables a un sistema político más abierto y participativo. La idea es que, una vez han quedado cubiertas sus necesidades materiales, la población empieza a dar más importancia a valores posmaterialistas como la libertad y la realización personal.

Este proceso se ha manifestado en numerosos países, siendo las únicas excepciones los países de Oriente Medio, que han alcanzado altos niveles de riqueza gracias a los hidrocarburos, y Singapur. Por tanto, muchos analistas vaticinaron que China también seguiría este camino. Ese es uno de los factores que explica el entusiasmo con el que las principales potencias tradicionales estrecharon sus vínculos con China, pues daban por hecho que la internacionalización y modernización de este país liberalizaría irremisiblemente su sistema político. Sin embargo, para las autoridades chinas la economía de mercado y el desarrollo socioeconómico son medios para el mantenimiento de su régimen de Partido-Estado. Por tanto, están dispuestas a priorizar la estabilidad del régimen, aunque sea a costa de aplicar políticas que dificulten el desarrollo material del país. Así ha quedado patente con el parón de las reformas tras el aplastamiento del movimiento estudiantil de Tiananmen y con las políticas de Xi que han aumentado el peso de los decisores políticos sobre la economía en detrimento de los actores empresariales. Este punto es fundamental, dado que la actitud de las élites políticas es el factor más importante al analizar las perspectivas de cambio político en un régimen como el del PCCh, donde las autoridades civiles mantienen un firme control sobre el Ejército y los cuerpos de seguridad, y no hay una oposición política organizada significativa ni dentro ni fuera de China. Tampoco encontramos señal alguna que apunte a que dentro de la cúpula del Partido haya sectores que aboguen por poner fin al régimen de Partido-Estado encabezado por el PCCh o que estén dispuestos a permitir el surgimiento de movimientos a favor de un mayor pluralismo político.

Es más, a pesar de las purgas masivas ejecutadas por Xi dentro del Partido —en muchos casos, en el marco de una intensa campaña contra la corrupción—, la cúpula del PCCh está mucho más cohesionada de lo que suele indicar la prensa internacional. Esto se debe a que durante las últimas tres décadas no ha habido grandes diferencias programáticas entre sus miembros y a que las consecuencias de ser purgado suelen ser menos severas que las que podría tener un cambio de régimen político para ellos y sus familias. La RPCh no es la Unión Soviética de Stalin. Ningún miembro del Comité Permanente del Politburó de la RPCh ha sido ejecutado, y el único que ha muerto en prisión fue Liu Shaoqi, hace más de cincuenta años. Incluso la masiva campaña anticorrupción de Xi Jinping no se ha cobrado ninguna vida entre sus rivales políticos, ni siquiera en el caso de Bo Xilai o su mujer, que fue condenada por asesinato, a pesar de que en China la pena capital puede aplicarse incluso en delitos que no son de sangre, como la corrupción. Asimismo, a pesar de todas las especulaciones que rodearon la expulsión de Hu Jintao del XX Congreso Nacional del PCCh, no consta que se haya tomado contra él ni contra ningún miembro de su familia ningún tipo de represalia.

Hu apareció mes y medio después junto a Xi en el funeral de Jiang Zemin, y su hijo, Hu Haifeng, sigue siendo el secretario general del PCCh de la ciudad de Lishui. El mayor temor a un cambio de régimen que a la derrota en las luchas intrapartidistas, unido al enorme potencial desestabilizador de movilizar a actores externos al PCCh para dirimir las disputas internas, hacen que los líderes del Partido se abstengan de repetir prácticas como las vividas durante la Revolución Cultural y en la década de 1980, cuando líderes del Partido apelaron a la población y al Ejército para presionar a sus rivales políticos.

Aunque hay chinos que abogan por un cambio de régimen para su país, la evidencia de demanda popular de cambio político en China es muy limitada fuera de Hong Kong, Tíbet y Xinjiang. La mayor parte de la opinión pública acepta el contrato social propuesto por el Partido: seguridad, bienestar material y orgullo nacional a cambio de restricciones en las libertades civiles y los derechos políticos. La mayor parte de la población china considera que su nivel de vida está mejorando al aumentar tanto su nivel de renta como la calidad de los servicios públicos y las coberturas sociales, especialmente en lo que respecta a la sanidad, la educación superior y la protección social para los pobres y los ancianos. Es más, como señala el catedrático de la Universidad de Columbia Andrew Nathan, que habla del «puzzle de las clases medias chinas», incluso este grupo social respalda al Partido y no demanda de forma masiva un cambio de régimen[1]. Esto no implica una aceptación pasiva del régimen por parte de la población, como evidencian las múltiples protestas populares y las muestras de descontento en redes sociales, sino una satisfacción suficiente con su labor para no estar dispuestos a arriesgarse a asumir el coste de la movilización contra las principales autoridades políticas. Por tanto, la capacidad del régimen para afrontar de manera exitosa los desafíos socioeconómicos a los que se enfrenta actualmente, como la ralentización de la economía y la transición de un modelo basado en el consumo externo e inversiones en infraestructuras a otro impulsado por el mercado interno, puede condicionar sustancialmente el apoyo popular del que goce en el futuro.

Por el momento, no existe ni dentro ni fuera de China una oposición organizada que tenga predicamento entre la población[2]. La disidencia china no está cohesionada, y no hay una figura de referencia con capacidad de movilización. Es más, amplios sectores de la población miran con sospecha a quienes abogan por un mayor pluralismo político y, siguiendo la propaganda del régimen, los consideran marionetas de Occidente que intentan evitar el ascenso de China. Es más, incluso entre los partidarios de una rápida democratización del país es frecuente encontrar argumentos instrumentales para ello, al considerar que son las instituciones más eficaces para asegurar el bienestar de la población y el desarrollo del país en un momento concreto, no porque asegure más libertades y derechos políticos individuales que otras formas de gobierno alternativas.

Otro posible vector de cambio político en China sería por influencia del exterior. La importancia de este factor ha sido frecuentemente exagerada al augurar una rápida democratización de China. La experiencia de los últimos treinta años evidencia que China no se va a democratizar solo para mejorar su imagen internacional. El régimen busca aceptación fuera de sus fronteras, pero no a cualquier precio, y el

Partido no está dispuesto a renunciar a su monopolio sobre el poder político. Tampoco parece que el régimen vaya a tener que hacer frente a un efecto de bola de nieve que le presionara a democratizarse para no quedar aislado en su entorno. En Asia, la influencia del pensamiento liberal es bastante limitada, y el continente acoge una gran variedad de regímenes no democráticos. Por tanto, no es sorprendente que India y Mongolia sean las únicas democracias entre los 14 países con los que China hace frontera.

Por consiguiente, todo apunta a que el régimen del PCCh se mantendrá en el futuro previsible. En cualquier caso, hay que tener en consideración que existen escenarios en los que sí podría darse un cambio de régimen y que dicha transición no sería necesariamente a un régimen democrático. Basta con ver que de los 29 países que eran comunistas en Europa del Este o que formaban parte de la Unión Soviética, solo 10 se han convertido en democracias. Asimismo, de los 17 países que vivieron protestas populares durante la Primavera Árabe, el único que se convirtió en una democracia fue Túnez. Dado que el régimen fundamenta su legitimidad en su capacidad para garantizar el bienestar material de la población y los intereses nacionales de China, una crisis grave que cuestionase estos principios podría desestabilizarlo y dar lugar a un golpe militar o a un nuevo régimen civil, probablemente más populista y nacionalista que democrático. Es decir, China entraría probablemente en un periodo de inestabilidad, estancamiento económico, y mayor probabilidad de conflicto bélico con otro país. Al menos, eso parece apuntar la falta de organizaciones prodemocráticas significativas y la preferencia generalizada por la soberanía y la integridad territorial sobre las libertades políticas, por los derechos colectivos sobre los individuales, por los derechos socioeconómicos sobre los políticos y por el descrédito de los modelos políticos occidentales en China.

Dada la larga y exitosa tradición de élites políticas que han ganado apoyo popular en China gracias al nacionalismo, resultaría bastante probable que estas élites políticas se viesen tentadas a apelar al nacionalismo al tener que competir por el apoyo popular en un entorno político más plural. En este contexto, el nuevo gobierno, ya fuera civil o militar, podría decantarse por implementar una política exterior más agresiva, incluso irredentista, lo que aumentaría el riesgo de enfrentamiento bélico en el estrecho de Taiwán o en cualquiera de los territorios que China se disputa con alguno de sus vecinos.

En principio, no parece probable que se produzca alguna de estas crisis en el corto plazo, si tenemos en cuenta que la economía china ha superado mejor las últimas grandes crisis económicas internacionales que el resto de grandes economías, y que no hay perspectivas de pérdidas territoriales para China, ni de derrota en una guerra, ni de una proclamación de independencia de Taiwán. Sin embargo, está por ver si unas autoridades comparativamente menos competentes y una burocracia y un sector empresarial bajo un control político más férreo serían capaces de garantizar un desempeño económico que responda a las expectativas de la población. Esto deja interrogantes abiertos especialmente para una economía que está en desaceleración estructural, con una deuda pública por encima de su PIB anual, una demanda interna que no termina de arrancar y una competencia geopolítica que tensa sus relaciones con el resto de grandes economías. Además, la enorme concentración del poder en manos de Xi hace que posibles errores a la hora de afrontar una eventual crisis fueran más difíciles de detectar y revertir con premura.

¿Y qué pasaría a largo plazo si ninguna crisis económica o nacionalista acabara antes con el régimen? Aquí se abren varios escenarios, todos ellos altamente especulativos. El régimen podría volverse más plural y evolucionar a un sistema como el singapurense, con un mayor respeto por los derechos humanos y mayor competición política dentro de un sistema de partido único. O podría derivar en un sistema democrático por un proceso de reforma gradual liderado por las propias élites del régimen como sucedió en Taiwán. Las opciones son múltiples. Más productivo que divagar sobre todas ellas, es preguntarse si el régimen del PCCh puede ser un modelo atractivo para otros países.

China como modelo

Desde Occidente, generalmente damos por sentado que la democracia liberal debe ser el espejo en el que se mire el régimen político chino. Es más, dado el carácter autoritario del régimen del PCCh, en el debate público en Occidente apenas se plantea la posibilidad de que se pueda incorporar algún elemento del sistema político chino para mejorar la gobernanza de nuestros países, y son numerosas las voces que alertan sobre cómo la creciente influencia internacional de China puede contribuir a un orden internacional más injusto y peligroso. Por el contrario, en el Sur Global es más frecuente encontrar voces que miran a China buscando un modelo socioeconómico para sus países y que valoran positivamente la influencia de Pekín sobre un orden internacional que consideran excesivamente occidentalizado. En este apartado vamos a analizar hasta qué punto puede servir China de modelo político y socioeconómico para otros países y el atractivo que tienen fuera de sus fronteras las ideas que defiende su servicio exterior para reformar las normas y las instituciones internacionales vigentes.

A diferencia de lo que parecía tras el colapso de la Unión Soviética, más de treinta años después la democracia no solo no ha conseguido imponerse como único sistema político en el mundo, sino que está en un largo retroceso. Según la edición de 2023 del informe *Freedom of the World*, esta tendencia dura ya 17 años, y no ha sido responsabilidad exclusiva de autoridades de países no democráticos, sino también de líderes iliberales como Nayib Bukele, Andrej Duda, Rodrigo Duterte, Donald Trump, Jair Bolsonaro, Narendra Modi o Viktor Orban, que han deteriorado las instituciones democráticas que los han elegido. En este contexto de crisis internacional de la democracia, la Alliance of Democracies Foundation, con sede en Dinamarca, encargó una encuesta en la primavera de 2021 que se realizó en 53 países para conocer la percepción de la democracia en el mundo. Aunque Donald Trump ya no era presidente, el 44 % de los 50.000 encuestados identificó a Estados Unidos como una amenaza para la democracia en su país, seis puntos más que el 38 % que apuntó a China[3]. En esta línea, el veterano diplomático estadounidense Richard Haass, tras dos décadas presidiendo uno de los centros de pensamiento sobre política exterior más prestigiosos del planeta, el Council of Foreign Relations, dijo en julio de 2023 que Estados Unidos era la mayor amenaza para el mundo y que la principal amenaza para Estados Unidos es interna, no externa[4]. Haass apuntaba al deterioro del sistema político estadounidense como el culpable de esta situación.

A diferencia de la Unión Soviética durante la Guerra Fría, China no está promoviendo abiertamente su modelo político y socioeconómico para sustituir a las democracias liberales. Lo que suele hacer la diplomacia china es enfatizar que cada país debe buscar su propio modelo y, en ese marco, presentar algunas de las ventajas, en términos de estabilidad y desarrollo socioeconómico que consideran que ofrece su régimen político. Tampoco encontramos partidos y movimientos políticos que fuera de las fronteras de China aboguen por sustituir el régimen político de sus países por un sistema de Partido-Estado como el encabezado por el PCCh. Aunque en el mundo académico internacional tampoco ha habido voces influentes que abogasen por las bonanzas de convertir sistemas políticos democráticos en sistemas de Partido-Estado a semejanza del chino, sí se ha producido un debate, cuyo exponente más influyente es el académico canadiense Daniel A. Bell, sobre qué elementos del sistema político chino podrían mejorar la gobernanza de otros países, incluyendo las democracias liberales. En su libro *The China Model: Political Meritocracy and the Limits of Democracy*, Bell apunta especialmente a dos problemas de los sistemas políticos democráticos que podrían paliarse adoptando elementos de un sistema político meritocrático de raíces confucianas[5]. En primer lugar, sostiene que si tener una larga y exitosa carrera política en el ámbito de la gestión pública es un prerrequisito para aspirar a un alto cargo público, esto reduce las posibilidades de que las autoridades políticas comentan errores de juicio, que muchas veces son fruto de la falta de capacidades y/o experiencia de los cargos electos. En segundo lugar, defiende que los cargos públicos dependientes directamente de la voluntad popular son más proclives a un populismo cortoplacista, que apela a discursos y a políticas públicas cuyo principal objetivo es ganar respaldo público para la próxima cita electoral, aunque sea a costa de los intereses generales y a largo plazo de la comunidad.

Con Xi Jinping la lealtad ha ganado peso en detrimento de la competencia a la hora de seleccionar a otros altos cargos del régimen. Es paradigmático el caso de Ding Xuexiang, quien ha asumido la vicepresidencia primera del país con bastante menos experiencia que sus inmediatos predecesores. Sin embargo, el sistema político chino sigue contando con una clase política y un funcionariado comparativamente más competente que el de muchos países.

El problema evidente y difícilmente resoluble para conciliar la meritocracia con la democracia es quién decide lo que es meritorio. Al no haber mecanismos directos de rendición de cuentas ante la población, para las autoridades chinas lo importante es qué considera meritorio la cúpula del Partido y su Departamento Central de Organización. Estamos en un régimen paternalista donde los criterios sobre el desempeño meritorio de las autoridades no se construyen a través de un debate público, sino que dependen de la voluntad de las élites políticas. Esto es particularmente preocupante en un país tan diverso como China, donde resulta evidente, por ejemplo, que hay grupos de población, como los hongkoneses, los tibetanos y los uigures, cuyo nivel de alineamiento con las prioridades del régimen es claramente menor que el de la mayoría de la población, y cuya valoración de las virtudes de los líderes elegidos por la cúpula del Partido para dirigir sus territorios probablemente diverge mucho de la suya.

Aunque los resultados en términos de seguridad y prosperidad para la población china y de satisfacción popular con las autoridades políticas son espectaculares en perspectiva comparada, es muy difícil que personas que disfrutan en otros países de libertades civiles y derechos políticos plenos estén dispuestos a renunciar a ellos a favor de un gobierno paternalista. En muchos de estos países está arraigada una visión crítica con la acumulación del poder, que se considera la antesala de la tiranía, y es muy difícil, sin que haya una profunda crisis de por medio, que la ciudadanía acepte cambios institucionales que debiliten tan radicalmente su capacidad de control sobre las autoridades políticas, por muy competentes y benevolentes que estas pudieran ser. De hecho, esto es lo que parecen decirnos las encuestas. Según el Latinobarómetro, en esta región tenemos países tan diversos como Bolivia, Brasil, Ecuador, México, Nicaragua y Venezuela, con entre dos tercios y tres cuartos de su población que manifiestan una imagen positiva o muy positiva de China[6]. A pesar de esta buena imagen, cuando se pregunta a estas personas a qué país les gustaría que se pareciera el suyo, en ninguno de estos países latinoamericanos aparece China como uno de los dos Estados mencionados con más frecuencia. Además, en todos ellos, incluso en Nicaragua y Venezuela, es significativamente mayor el porcentaje de población al que le gustaría que su país se pareciera más a Estados Unidos que a China. Es decir, aunque está muy extendida internacionalmente la admiración por los logros socioeconómicos de China, otra cosa es que la población de otros países esté dispuesta a copiar una receta basada en la restricción de libertades civiles y derechos políticos, y en el sacrificio de una parte significativa de su bienestar material a corto plazo. El PCCh ha sido capaz de imponer sus prioridades a la población, en gran parte con la aquiescencia de esta, consiguiendo extraer una gran cantidad de recursos financieros de su enorme capacidad de trabajo para invertirlos de forma mayoritaria en actividades productivas en vez de en servicios públicos y políticas sociales. Esto ha redundado en una rápida sofisticación del tejido productivo chino y en un vertiginoso crecimiento socioeconómico, pero ha sido a costa del enorme sacrificio de cientos de millones de chinos que han disfrutado de una parte relativamente pequeña del capital que han generado con su esfuerzo. Esto sin mencionar que algunas de las ventajas estructurales con las que ha contado China para su desarrollo no son replicables. Más concretamente, India es el único país que por su volumen de población podría beneficiarse de unas enormes economías de escala como ha hecho su vecino del nordeste.

Como expone Claudio Feijóo en su libro *El gran sueño de China: Tecnosocialismo y capitalismo de Estado*, la gran esperanza del PCCh para que su modelo político goce de más predicamento internacional, incluso en las actuales democracias liberales, está vinculado al desarrollo de las tecnologías de control e ingeniería social[7]. En teoría, esto debería permitirles conocer y manipular los deseos de la sociedad mejor que las democracias. Aunque el gobierno chino está promoviendo activamente el desarrollo de estos sectores tecnológicos, está por ver que sea capaz de alcanzar los resultados que busca. Prueba de ello fue su política de covid cero, que termino siendo enormemente controvertida tanto dentro como fuera de China.

Más predicamento parece tener, al menos en el Sur Global, el papel de China como referente para reformar un orden internacional que muchos consideran hiperoccidentalizado. El orden internacional vigente es conocido como el orden liberal internacional y se estableció tras la Segunda Guerra Mundial, liderado por Estados Unidos, para regular las relaciones económicas, promover la democracia y reforzar la gobernanza global en una serie de áreas temáticas. Este orden, que se convirtió en claramente hegemónico tras el desmoronamiento de la Unión Soviética, se fundamenta en tres pilares: liberalismo político, liberalismo económico e internacionalismo liberal. China se ha beneficiado enormemente de dicho orden —basta con recordar el papel que la inversión, la tecnología y los mercados extranjeros han tenido en su acelerado desarrollo— y contribuye activamente a la cooperación en problemas transnacionales como el cambio climático, la no proliferación nuclear y el mantenimiento de la paz. Sin embargo, desde Pekín se considera que algunos de los elementos del orden liberal internacional son una amenaza para el régimen del PCCh. Más concretamente su promoción de la democracia en países no democráticos, incluso mediante un uso masivo de la fuerza como en Irak, y el consiguiente rechazo de la legitimidad de un sistema de Partido-Estado como el que encabeza el PCCh. Además, la diplomacia china también lamenta que su país en particular y el Sur Global en general estén infrarrepresentados en algunas de las instituciones creadas para vertebrar este orden internacional liberal, como el Banco Mundial y el Fondo Monetario Internacional. Por tanto, China aboga activamente por una reforma del orden internacional vigente que aumente su influencia y la del Sur Global dentro de sus instituciones, y que refuerce la soberanía estatal en detrimento de la capacidad de los organismos internacionales para imponer sus normas sobre la voluntad de los Estados. Estas posiciones tienen amplio predicamento, no solo entre autoridades políticas autoritarias, sino también entre las grandes democracias del Sur Global, como India, Indonesia, Brasil, México, Filipinas y Sudáfrica, donde numerosas voces critican la injusticia del orden económico internacional y el supuesto universalismo liberal como una forma de imposición hegemónica de las instituciones y las normas occidentales sobre el resto del mundo. A pesar de estos apoyos, no está ni mucho menos claro que China vaya a conseguir reformar el orden internacional vigente de forma que se mantenga un orden internacional abierto que sea aceptable tanto para los intereses de Pekín como para los de las potencias tradicionales.

De ahí que China paralelamente lleve tiempo creando instituciones internacionales alternativas a las lideradas por Estados Unidos. Más allá de la Nueva Ruta de la Seda, mencionada en otros apartados de este libro, en el momento de escribir estas líneas acapara los titulares la ampliación del BRICS (Brasil, Rusia, India, China y Sudáfrica), que a partir del 1 de enero de 2024 también contará entre sus miembros con Arabia Saudí, Argentina, Egipto, Emiratos Árabes Unidos, Etiopía e Irán. Esta ampliación fue anunciada en su XV Cumbre, celebrada en agosto de 2023 en Johannesburgo, en la que también participaron las máximas autoridades políticas de Bangladés, Bolivia, Camerún, Congo, Cuba, Guinea Ecuatorial, Eritrea, Ghana, Indonesia,

Malawi, Mozambique, Namibia, República Centroafricana, República del Congo, República Democrática del Congo, Santo Tomé y Príncipe, Senegal, Sudán del Sur, Tanzania y Zambia.

En el actual contexto de marcada tensión geopolítica entre China y Estados Unidos, asistimos a una creciente securitización de la política internacional a costa del economicismo que ha impulsado la globalización desde la década de 1980. Las autoridades chinas, al igual que las de otras potencias, están cada vez más dispuestas a asumir ciertos costes económicos porque priorizan aumentar la seguridad, de ahí que estén otorgando un peso significativamente mayor a sus vínculos con actores afines geopolíticamente en detrimento de sus lazos con otros países. Así, en 2022 el comercio de China con el resto de los miembros fundadores de los BRICS creció casi un 19,5 %, un 15 % con los países de ASEAN, un de 5,6 % con la UE y un 3,7 % con Estados Unidos[8]. Esto podría cristalizar en un orden internacional dual en el que hay dos bloques que mantienen una cooperación limitada en múltiples áreas, incluyendo temas de la agenda global de interés común, pero que cooperan mucho más estrechamente con los países que forman parte de su bloque. Esto ya lo estamos viendo con la política de circulación dual de Pekín y con las restricciones a la cooperación tecnológica con China que están imponiendo Estados Unidos y algunos de sus aliados. Por un lado, tendríamos el bloque del orden internacional liberal, que seguiría liderado por Estados Unidos, pero tendría un alcance geográfico y una capacidad de influencia menores que los actuales. Por otro lado, estaría el bloque liderado por China, en el que estarían países con tensiones geopolíticas con Estados Unidos y aquellos cuyos líderes abogan por la supremacía del Estado de puertas para afuera frente a un orden internacional supranacional y de puertas para dentro frente a la sociedad.

Un tercer escenario, que desarrollaremos con más profundidad en otra sección de este capítulo, es que las tensiones entre China y Estados Unidos sean tan grandes que lleven a un sistema internacional cerrado, con escasa interacción y alta competencia entre los países que pertenezcan a diferentes bloques. Sería un sistema similar al de la Guerra Fría que generaría un enorme coste económico internacional y un alto riesgo de conflicto. De ahí que en principio ninguno de los actores políticos o económicos relevantes sea favorable a este escenario, como evidencia que la posición geoeconómica tanto en Pekín como en Estados Unidos y sus aliados a la hora de relacionarse con el otro sea de reducción de riesgos y no de desacoplamiento.

En cualquier caso, la capacidad de China para inspirar la gobernanza y las políticas públicas de otros países y para modificar las normas e instituciones internacionales dependerá en gran parte de su éxito para alcanzar un nivel de desarrollo socioeconómico equivalente al de los países más desarrollados, para lo que necesitará convertirse en líder tecnológico.

¿Superpotencia en cantidad o en calidad?

Nadie duda hoy en día de que China es uno de los dos países más poderosos del mundo gracias a que ha cerrado gran parte de la brecha tecnológica que aún mantiene en términos generales con Estados Unidos y sus aliados y a su enorme peso demográfico. Más controvertido resulta afirmar que China se ha convertido en la primera potencia mundial o que su hegemonía en algún momento de este siglo es inevitable. Algunas de las voces más entusiastas en lengua española sobre una inevitable hegemonía china han sido Ramón Tamames en *El siglo de China. De Mao a primera potencia mundial*[9], Marcelo Muñoz en sus diferentes libros sobre China[10], y más recientemente Julio Ceballos con *Observar el arroz crecer: Cómo habitar un mundo liderado por China*[11]. El vaticinio de que China será la nueva potencia hegemónica se fundamenta en la premisa de que pudiera convertirse en líder tecnológico o, cuanto menos, que cerrará la brecha tecnológica que aún mantiene en términos generales con Estados Unidos y sus aliados, a la vez que mantiene su ventaja demográfica sobre ellos. Paradójicamente, el pilar demográfico, que las autoridades chinas han sabido aprovechar durante los últimos cuarenta años para catapultar su poder nacional, es el eslabón más débil de esta cadena. Está por ver si el ecosistema tecnológico chino es capaz de superar a sus competidores occidentales más allá de en algunos sectores tecnológicos concretos. Sin embargo, ya es evidente que China está a las puertas de un colapso demográfico difícilmente reversible y que le hará perder la mitad de su población antes de que acabe este siglo[12].

En lo que va de siglo China ha reducido de forma muy considerable la brecha tecnológica con las economías más avanzadas mediante un proceso de aprendizaje e imitación tremendamente exitoso gracias a la eficiencia de la producción industrial local. Hay campos en los que este proceso ha derivado incluso en una mejora del desarrollo y las aplicaciones de la tecnología existente, especialmente en pagos móviles, comercio electrónico, energía renovable y movilidad verde. Sin embargo, desarrollar un ecosistema tecnológico líder en innovación es mucho más complejo. Según la edición de 2022 del Índice Global de Innovación, elaborado por la Organización Mundial de la Propiedad Intelectual, la economía china es la 11 más innovadora[13]. El gobierno chino es consciente de ese atraso respecto a los países más punteros y de la importancia de revertirlo:

> El surgimiento de tecnologías disruptivas está remodelando la competencia global y el equilibrio de poder. Nuestra nación está ante una oportunidad histórica extraordinaria para ponerse al día y dar un salto adelante, pero también tiene que enfrentar el severo desafío de una brecha tecnológica creciente[14].

Entre las múltiples áreas donde la tecnología de las empresas chinas sigue estando claramente por detrás de las empresas líderes, dos han sido particularmente visibles en los últimos tres años: el desarrollo de vacunas y de chips avanzados. Durante la pandemia de la covid-19, China hizo una cuestión de Estado el desarrollo de una vacuna contra esta nueva enfermedad y varias empresas chinas lograron producir sus propias vacunas a la par que Pfizer y Moderna. Sin embargo, la efectividad de estas vacunas era menor que la de las occidentales, y las farmacéuticas chinas no han sido capaces de distribuir una vacuna de ARN mensajero contra la covid-19 hasta la primavera de 2023. De forma similar, tras invertir una enorme cantidad de recursos, unos 50.000 millones de dólares en la última década, la industria china de semiconductores ha alcanzado un desarrollo espectacular. La empresa SMIC anunció en verano de 2023 la producción a gran escala de chips de 7 nanómetros. Sin embargo, sigue estando lejos de los 3 nanómetros de su rival taiwanesa TSMC. De ahí que las restricciones tecnológicas en el sector de los semiconductores impulsadas por la Casa Blanca puedan ralentizar el progreso de China en sectores como la inteligencia artificial, los superordenadores o los misiles hipersónicos, que utilizan los chips más avanzados.

El nivel de desarrollo tecnológico que sea capaz de alcanzar China en sectores como la inteligencia artificial, los semiconductores, las redes móviles, el internet de las cosas, el *big data*, la computación cuántica, la robótica, el farmacéutico, la biotecnología y la movilidad verde, será clave en el devenir de las relaciones de las autoridades chinas con la población de su país y con el resto de la comunidad internacional. A nivel interno, para el PCCh será más sencillo mantener su monopolio político si consigue incorporar masivamente los avances tecnológicos necesarios para transformar a China en una sociedad de renta alta. En 2022 el PIB per cápita chino era dos veces menor que la media de la OCDE[15]. Incluso si el PCCh sigue intentando aumentar la relevancia de fuentes alternativas de legitimidad al desarrollo socioeconómico, como el nacionalismo, estos esfuerzos serían más fructíferos si estuvieran respaldados por tecnologías punteras, también en la industria militar. Mientras Estados Unidos mantenga un liderazgo tecnológico significativo en el campo de la Defensa, las autoridades chinas tendrán mucho más difícil avanzar en los puntos de su agenda internacional que están en contradicción con los intereses y valores estadounidenses.

De ahí que Xi Jinping haya situado el incremento de las capacidades tecnológicas de China como una de sus grandes prioridades políticas. Ya en 2015 lanzó una ambiciosa estrategia de política industrial, *Made in China 2025*, bajo la que se han invertido cientos de miles de millones de dólares para desarrollar una base tecnológica nacional puntera y altamente autosuficiente. En este marco, el presupuesto chino para investigación y desarrollo en 2022 fue el segundo mayor del mundo con 556.000 millones de dólares, que equivalen a más del 2,5 % de su PIB, por encima de la media de la UE. Además, esta prioridad no ha hecho más que intensificarse a medida que aumentaban las restricciones por parte de Estados Unidos y sus aliados a las inversiones chinas en empresas de alta tecnología y a las exportaciones de alta tecnología con destino a China. Al comparar los informes de Xi Jinping ante el XIX y el XX Congreso Nacional del PCCh, en octubre de 2017 y 2022 respectivamente, vemos que las secciones que abordan cuestiones tecnológicas pasan de una a cinco. En consonancia con ello, 29 de los nuevos miembros del actual Comité Central del Partido y seis del actual Politburó cuentan con un trasfondo científico y tecnológico[16]. Entre ellos destacan tres secretarios provinciales del PCCh: Ma Xingrui, anterior director de la Administración Espacial Nacional de China, Yuan Jiajun, diseñador jefe de la nave espacial Shenzhou, y Zhang Guoqing, antiguo director ejecutivo de Norinco, una de las mayor empresas de armamento chinas.

Por el momento, son particularmente evidentes las posiciones de liderazgo asumidas por China en sectores clave para afrontar retos globales, como las transiciones verde y digital. Son de todos conocidos los nombres de gigantes tecnológicos chinos que tienen una enorme presencia internacional, como Alibaba (dueña de la plataforma de comercio electrónico

AliExpress y de la plataforma de pagos en línea Alipay), ByteDance (dueña de TikTok), Huawei (líder mundial en redes móviles 5G) y Tencent (desarrolladora de WeChat y mayor empresa de videojuegos del mundo). Aunque aquí no encontremos marcas tan conocidas para el gran público, hay productos como los paneles solares y las baterías para los coches eléctricos en los que China acapara en torno al 75% de la producción global y disfruta de una posición tan dominante en las cadenas de suministro de estas tecnologías que es prácticamente imposible producirlas sin contar con componentes chinos. Estas crecientes capacidades tecnológicas de grandes empresas chinas —en algunos casos obtenidas a través de prácticas ilícitas, como el espionaje industrial— se ven favorecidas por los poderes públicos de múltiples maneras[17]: por ejemplo, mediante cuantiosas subvenciones y marcos regulatorios favorables, que, entre otras cosas, empoderan a las empresas chinas para recopilar más datos sobre sus clientes que sus homólogas occidentales. Esto plantean un enorme desafío competitivo para empresas de otros países, que, en muchos de estos sectores, tienen cerrada la puerta del mercado chino y que en su inmensa mayoría tampoco pueden alcanzar economías de escala similares a las de los campeones nacionales chinos.

Pero hay otras lecturas internacionales mucho más positivas de la emergencia de gigantes tecnológicos chinos. En aquellos países que no tienen capacidades tecnológicas propias en un determinado sector, la aparición de empresas chinas aumenta la oferta disponible, lo que resulta particularmente valioso para los gobiernos que no tienen acceso a la tecnología de las potencias tradicionales. Además, el acceso a la tecnología china para los países del Sur Global viene a veces facilitado por donaciones o, mucho más frecuentemente, por financiación pública china.

Dado que el acceso a tecnología extranjera es uno de los fenómenos que explica el espectacular salto experimentado por las capacidades tecnológicas de China en las últimas décadas, hay un intenso debate sobre cómo las restricciones a los intercambios tecnológicos con China pueden afectar a este país. Dichas limitaciones han llevado a Xi Jinping a pasar de hablar de un «sistema de innovación tecnológica orientado por el mercado» a otro orientado por las «demandas nacionales estratégicas»[18]. Los que tienen más confianza en el ecosistema tecnológico chino consideran que estas barreras externas acelerarán, sin pretenderlo, el desarrollo de las capacidades tecnológicas nacionales de China, dado que las autoridades canalizarán todavía más recursos a este empeño. Este escenario parece más probable en aquellos campos que se benefician de ventajas estructurales derivadas del enorme tamaño de su mercado, como las economías de escala, el efecto red y la generación masiva de datos. Sin embargo, otras voces argumentan que, al estar cada vez más cerrado e ideologizado, el ecosistema tecnológico chino verá lastrada de forma decisiva su capacidad creativa. Esto hará que siga siendo fructífero en la generación de avances tecnológicos incrementales, pero no tanto en avances realmente innovadores o disruptivos.

El resultado es incierto, pero si la RPCh pudiera combinar un rápido desarrollo tecnológico con un régimen político autoritario hasta el punto de desafiar el liderazgo tecnológico occidental, esto también podría tener profundas consecuencias políticas fuera de China. En primer lugar, en terceros países, particularmente en aquellos en vías de desarrollo, cuya población podría sentirse más atraída por el modelo chino (un capitalismo de Estado autoritario) que por la democracia liberal, al considerarlo más prometedor para mejorar su bienestar material. En segundo lugar, en el largo plazo, si las empresas chinas logran superar sistemáticamente a sus contrapartes occidentales, esto podría incluso llevar a un cuestionamiento más profundo de la democracia liberal en Occidente, ya que una población preocupada por el estancamiento o la disminución de los niveles de vida podría ser más propensa a explorar regímenes políticos alternativos.

Mucho más previsible es la evolución de la estructura demográfica de China, cuyo envejecimiento acelerado, unido a unas bajísimas tasas de fertilidad, va a derivar en un hundimiento demográfico sin precedentes. Actualmente la población de China prácticamente equivale a la de India y cuenta con unos 630 millones de personas más que Estados Unidos y la UE, lo que supone un 80 % de población más que estas dos entidades conjuntamente. Sin embargo, según previsiones de Naciones Unidas, las autoridades chinas disponen de un cuarto de siglo antes de que su población desciende de forma vertiginosa[19]. En 2050, la India llevará casi tres décadas siendo el país más poblado del planeta (desde 2023) y tendrá unos 350 millones de habitantes más que China, que habrá visto reducida en unos 100 millones de personas tanto su población como su ventaja demográfica respecto a Estados Unidos y la UE. Pero el colapso demográfico de China, tanto en términos absolutos como comparados, será mucho más acusado en la segunda mitad del siglo XXI, cuando perderá unos 530 millones de habitantes. Estaba previsto que la población de China cayera en 2100 hasta los 765 millones de habitantes, similar a la población que tenía en 1969, pero en un contexto demográfico internacional completamente diferente, pues entonces la población de todo el planeta era de 3.600 millones de personas y en 2100 será de 11.200. Además, China pasaría a ser el tercer país más poblado del planeta, pues también lo superaría Nigeria, y su población apenas igualaría a la conjunta de Estados Unidos y la UE.

Es más, en 2023 se han publicado diversos datos oficiales, cuyo sesgo tiende a sobredimensionar la población del país, que evidencian que el declive demográfico chino va a ser más rápido y acusado de lo que apuntaba Naciones Unidas. A principios de año la Oficina Nacional de Estadísticas de China, indicó que la población del país era 14 millones de personas menor que lo calculado por Naciones Unidas[20]. En agosto el Centro de Investigación sobre Población y Desarrollo de China publicaba que en 2022 la tasa de fertilidad apenas fue de 1,09 hijos por mujer, la más baja de la historia de China[21]. Este retroceso demográfico de China ha sido definido por sociólogos chinos como un «rinoceronte gris» de libro, pues, a pesar de plantear un desafío obvio, muy probable y de alto impacto para su país, no se le ha prestado suficiente atención [22]. El patente pesimismo existente en el debate entre los demógrafos chinos sobre la posibilidad de conseguir que aumente la tasa de fertilidad por encima de la tasa de reemplazo, 2,1 hijos por mujer, parece refrendado por el progresivo descenso de la natalidad, incluso en provincias como Liaoning, que están siendo pioneras en la aplicación de políticas pronatalistas[23]. Además, ni siquiera está en el debate político la posibilidad de introducir a corto o medio plazo una política migratoria más abierta que pudiera amortiguar su caída poblacional.

El hundimiento demográfico de China no conlleva necesariamente ni una crisis económica ni un deterioro de las condiciones de vida de su población. Este país podría seguir alcanzando avances importantes en términos cualitativos y per cápita. Por ejemplo, convertirse y consolidarse como un país de renta alta o líder tecnológico en sectores estratégicos. Sin embargo, este nuevo escenario demográfico chino va a ser un obstáculo estructural tan significativo para el crecimiento económico de este país que ya no se puede dar por hecho que su economía vaya a seguir creciendo más rápido que el resto de grandes economías y que superará por PIB a precios de mercado a la estadounidense[24]. Además, estos cambios demográficos contribuyen a aumentar los costes laborales y el ahorro y a reducir la inversión productiva, el consumo, la productividad y la innovación disruptiva. Japón, con unos niveles de productividad bastante modestos en comparación con el resto de los países de la OCDE, ejemplifica este fenómeno y los límites de las políticas que intentan compensar los efectos económicos de un retroceso demográfico a través de la robotización o intentando sacar un mayor rendimiento del dividendo de género, el dividendo educativo o el dividendo de la longevidad[25]. Con relación a las arcas públicas, estos cambios demográficos implican la necesidad de destinar más recursos a prestaciones sociales y sanidad, como ya se ha visto en la última década, cuando el gasto público en pensiones ha ascendido del 2,7 % al 5,3 del PIB chino[26].

Si tenemos en cuenta que China depende enormemente de su músculo económico para influir internacionalmente, se hace evidente que su colapso demográfico va a constreñir muy sensiblemente sus posibilidades de desafiar la hegemonía estadounidense. La enorme importancia que le confieren a China élites políticas y empresariales de todo el mundo está vinculada a su atractivo como plataforma de producción, mercado, inversor y financiador. Todos estos roles de China se verán indudablemente erosionados por fenómenos asociados a la reducción y el envejecimiento de su población, como un incremento en los costes laborales, la reducción del peso a escala mundial de sus mercados laboral y de consumo, un menor dinamismo económico y una reducción del nivel de inversión productiva. Asimismo, la necesidad de destinar más recursos económicos a atender a la población mayor dependiente los detraerá de otros ámbitos, como el presupuesto militar o de I+D+i, fundamentales para determinar las capacidades materiales de China como potencia global.

Por consiguiente, parece aventurado dar por sentada una futura hegemonía china, pues, para lograrlo, tendría que superar un doble reto en la segunda mitad de este siglo: destacar frente a un bloque occidental sobre el que va a perder su ventaja demográfica y frente al nuevo gigante del Sur Global, India, cuya población en 2100 doblará a la china. Este escenario parece todavía menos probable si tenemos en cuenta que Estados Unidos tiene mucha mayor capacidad que China a la hora de tejer alianzas internacionales.

¿Habrá guerra entre China y Estados Unidos?

La competencia geoestratégica entre China y Estados Unidos va a marcar la geopolítica mundial en las próximas décadas. Las autoridades de ambos países lo saben y actúan en consecuencia. En el último año las autoridades chinas han anunciado una ley para agilizar la movilización de reservistas, han reforzado las defensas antiaéreas en ciudades próximas al estrecho de Taiwán, han abierto nuevas oficinas de reclutamiento por todo el país y el propio Xi ha redoblado el llamamiento a la autosuficiencia alimentaria y tecnológica[27]. Asimismo, en la Estrategia de Seguridad Nacional de la administración Biden puede leerse:

En la competencia con la República Popular China, como en otros ámbitos, está claro que los próximos diez años serán la década decisiva. Nos encontramos ahora en el punto de inflexión, donde las decisiones que tomemos y las prioridades que persigamos hoy nos colocarán en un rumbo que determinará nuestra posición competitiva en el futuro[28].

Algunos de los efectos negativos de esta dinámica confrontacional ya resultan evidentes, por ejemplo, dificultando la cooperación entre estas grandes potencias para encarar conjuntamente algunos de los mayores desafíos que enfrenta la humanidad, como la lucha contra el cambio climático o las pandemias. Sin embargo, lo peor puede que aún esté por venir, especialmente si esta rivalidad deriva en un enfrentamiento bélico. Aunque la guerra no es ni mucho menos inevitable, hay tres argumentos que gozan de bastante predicamento entre los especialistas en seguridad y defensa, las autoridades políticas y el mundo empresarial.

El más conocido, gracias al catedrático de la Universidad de Harvard, Graham Allison, es la «trampa de Tucídides», que hace referencia al análisis que hizo este historiador y militar ateniense de la guerra del Peloponeso[29]. Desde esta teoría, la relación entre la potencia hegemónica y la ascendente es de una naturaleza trágica, prácticamente abocada al conflicto. Por un lado, el hegemón es presa del temor a perder su posición de privilegio y tiene incentivos para atacar a la potencia ascendente para evitar que el equilibrio de poder entre ambas siga modificándose a favor de la potencia ascendente. Además, Estados Unidos ha envuelto en un manto de moralidad el mantenimiento del llamado orden liberal internacional basado en reglas, lo que puede llevarle fácilmente a caer en la mentalidad del cruzado, para el que cualquier compromiso es sinónimo de apaciguamiento. Por otro lado, la potencia ascendente siempre está insatisfecha, porque sus capacidades aumentan más rápido que el estatus que le es reconocido fuera de sus fronteras, y se deja llevar por la soberbia debido a una autoconfianza desmesurada en sus crecientes capacidades. Esa mezcla entre autoconfianza y victimismo es uno de los rasgos característicos del discurso nacionalista del PCCh[30]. De los 16 casos históricos de transición de poder entre grandes potencias que analiza Allison, solo cuatro no terminaron en guerra abierta entre el hegemón y la potencia ascendente. Tres de ellos fueron protagonizados por países con enormes afinidades culturales entre sí, lo que obviamente no es el caso entre China y Estados Unidos, donde el sentimiento de inseguridad y la dificultad para alcanzar compromisos derivados de las tensiones estructurales entre la potencia hegemónica y la emergente se ven agravados por marcadas diferencias culturales e ideológicas y el complejo de superioridad tan extendido en ambos países. El otro caso fue la Guerra Fría entre Estados Unidos y la Unión Soviética, que, sin embargo, se enfrentaron en múltiples guerras subsidiarias a lo largo de ese periodo, apoyando a bandos opuestos en diversos conflictos por todo el planeta. Además, sostienen que es mucho más probable que la confrontación estadounidense con China derive en una guerra directa entre ambos debido a que Pekín es un adversario mucho más formidable de lo que nunca fue Moscú[31].

Sin embargo, como hemos apuntado en varios pasajes de este libro y desarrollan los profesores Michael Beckley y Hal Brands en *Danger Zone: The Coming Conflict with China*, interpretar la actual competencia geopolítica entre China y Estados Unidos a través de la «trampa de Tucídides» supone representar erróneamente las perspectivas de desarrollo de la relación de fuerzas entre China y Estados Unidos en las próximas décadas. Pekín no va a seguir recortando su brecha de poder con Washington en las próximas cuatro décadas con la misma velocidad que lo ha hecho en las cuatro anteriores. Es más, China está relativamente cerca de alcanzar el culmen de su poder, antes de perder fuelle lastrada por diferentes problemas estructurales entre los que sobresale un acelerado envejecimiento y hundimiento demográfico. Por consiguiente, lo que van a afrontar estas superpotencias sería una trampa de potencia en su cénit, una vez que las autoridades chinas comiencen a ponerse nerviosas por la proximidad de un deterioro de la relación de fuerzas que mantiene su país con Estados Unidos y sus aliados. Los defensores de esta teoría alertan de precedentes como la Alemania guillermina o el Imperio de Japón, en que dos potencias revisionistas, guiadas por una mentalidad de ahora o nunca, se embarcaron en dos de las guerras más sangrientas de la historia a sabiendas de que tenían escasas opciones de victoria. En el caso de la RPCh, el detonante que suele apuntarse con más frecuencia es su deseo de controlar Taiwán, aunque Pekín también mantiene disputas territoriales con dos países, Filipinas y Japón, que tienen tratados de defensa mutua vigentes con Estados Unidos.

El tercer argumento, perfectamente compatible con el que acabamos de exponer, sostiene que los líderes chinos pueden verse tentados a lanzar una guerra de distracción en un contexto de inestabilidad doméstica, para ganar capital político aglutinando a la población bajo su liderazgo frente a un enemigo exterior. Este razonamiento parece particularmente persuasivo si tenemos en cuenta que las principales fuentes de legitimidad del régimen son su capacidad de generar desarrollo socioeconómico y un nacionalismo que tiene en su epicentro la «unificación de China» *(Zhōngguó tǒngyī)*. Incluso el presidente Biden parece aceptar esta teoría, pues en agosto de 2023 durante un acto para recaudar fondos en Utah describió la economía china como «una bomba de tiempo» y se lamentó de los problemas internos de este país «porque cuando la gente mala tiene problemas, hace cosas malas»[32].

A la luz de estos argumentos, parece obvio que no puede descartarse la posibilidad de un conflicto bélico directo entre Pekín y Washington. Sin embargo, tampoco debe exagerarse la probabilidad de este escenario. Los ejemplos históricos que tanto les gusta citar a quienes vaticinan una guerra entre Pekín y Washington son en contextos domésticos e internacionales muy distintos a los actuales, y hay toda una serie de factores enormemente relevantes que empujan a ambos países a evitar un enfrentamiento militar. El más obvio es el enorme coste económico y humano que esto supondría. En el ámbito económico, a pesar de los esfuerzos de ambos gobiernos por reducir su interdependencia, por el momento puede hablarse de una destrucción mutua asegurada, dada la estrecha integración financiera y productiva que existe entre sus economías[33]. En la esfera militar, el riesgo de escalada en una guerra nuclear de un eventual conflicto entre dos superpotencias solo tiene el precedente de la Guerra Fría, y esa perspectiva fue clave para que Moscú y Washington nunca se enfrentaran de forma directa. Aunque China aún no ha desarrollado capacidades nucleares equivalentes a las de esos países, ya tiene una capacidad creíble de contraataque nuclear, y un intercambio de estas características sería a todas luces devastador[34]. Incluso en las simulaciones recientes de un conflicto militar convencional en el estrecho de Taiwán realizadas por el Center for Strategic and International Studies, en cuyos parámetros se descartó la posibilidad de que dicha guerra pudiera escalar en un conflicto nuclear, el coste de la victoria para Estados Unidos y Taiwán fue enorme en las 24 iteraciones de la simulación[35]. Las consecuencias para China eran todavía más desastrosas y ni siquiera en el escenario más optimista para sus intereses consiguió hacerse con el control de Taiwán. Los riesgos son evidentes para los líderes de ambos países. De ahí que, aunque China esté intentando modificar a su favor la relación de fuerzas con Estados Unidos y sus aliados e imponer sus preferencias geoestratégicas dentro y fuera de su vecindad, y Estados Unidos intente contener a China, cuando se refieren a un eventual enfrentamiento bélico entre ellas, sus líderes muestran su firmeza para disuadir a la otra parte de lanzar un ataque contra ellos a la vez que se esfuerzan por reasegurar a la otra parte de que no tienen intención de ser los primeros en lanzar un ataque. Es decir, ambos están más centrados en disuadir al otro de utilizar la fuerza que en ser los primeros en usarla. En este sentido, no es exacta la comparación de

China ni con la Unión Soviética ni con Estados Unidos, pues está recurriendo de forma mucho más limitada al uso de la fuerza o a la amenaza del uso de la fuerza. China lleva desde 1979 sin entrar en ninguna guerra, no está apoyando militarmente cambios de régimen político en terceros países, ni está articulando alianzas militares contra Estados Unidos, más allá del estrechamiento de su cooperación con Rusia. En el caso del estrecho de Taiwán este equilibrio entre la disuasión y la generación de confianza se traduce del lado chino en el énfasis en el uso de la fuerza como último recurso para hacerse con el control de Taiwán, lo que suele interpretarse como que una declaración formal de independencia por parte de las autoridades taiwanesas sería la línea roja para detonar una reacción militar china. Por el lado estadounidense, se subraya su determinación para acudir en la defensa de Taiwán a la vez que su oposición a cualquier declaración oficial de independencia de la isla, que, por otra parte, es rechazada por una amplia mayoría del electorado taiwanés, consciente del riesgo que entrañaría para la seguridad de la isla.

Por tanto, no parece tan probable que los líderes chinos puedan recurrir a una guerra de distracción como pudiera parecer a simple vista, pues no tienen en su entorno posibles objetivos que combinen un riesgo reducido y una alta capacidad de movilizar a su población. Como acabamos de explicar, el conflicto con un mayor potencial movilizador, el del estrecho de Taiwán, presenta un riesgo enorme. Incluso otros enemigos con menor tirón para la movilización popular en China, como India o alguno de los vecinos que mantienen un tratado de defensa mutua con Estados Unidos, también conllevarían un alto riesgo de escalada, ya sea por el arsenal nuclear indio o por la posibilidad de una intervención estadounidense. Es más, como explica el Director del Programa de Estudios de Seguridad del MIT, Taylor Fravel, en las guerras que ha iniciado la RPCh en momentos de debilidad interna —contra India en 1962, la Unión Soviética en 1969 y Vietnam en 1979— su motivación no ha sido intentar aumentar su popularidad entre la población, sino mostrar su fortaleza para disuadir a sus adversarios de seguir deteriorando la posición geoestratégica de China[36]. Esta fue justo la dinámica que se vivió durante la cuarta crisis del estrecho de Taiwán en el verano de 2022, detonada por la visita de la entonces presidenta de la Cámara de Representantes de los Estados Unidos Nancy Pelosi[37]. Entonces el principal mensaje que quisieron lanzar las autoridades chinas fue que el vaciamiento de la política estadounidense de una sola China tendría consecuencias, y que estas serían todavía más severas si Washington persistía en esta vía.

En resumen, aunque una guerra directa entre China y Estados Unidos no es completamente descartable y ambos países se están preparando para ello, hay poderosos factores que disuaden a las autoridades de ambos países de embarcarse en un conflicto de consecuencias catastróficas. El gran riesgo es que las autoridades chinas o estadounidenses asumieran como inevitable un conflicto bélico entre ellas y, por tanto, se centrasen en buscar el mejor momento para librar esa guerra en vez de en evitarla.

Notas

1. El peso de la historia

1. Huntington, Samuel P. *El choque de civilizaciones: y la reconstrucción del orden mundial.* Barcelona: Ediciones Paidós, 2015.
2. «The world's most, and least, democratic countries in 2022». *The Economist.* 1 de febrero de 2023. https://www.economist.com/gra phic-detail/2023/02/01/the-worlds-most-and-least-democratic-coun tries-in-2022.
3. WVS World values Survey. «European Values Study». Vol. 4, 14 de diciembre de 2022. https://www.worldvaluessurvey.org/WVSE VSjoint2017.jsp
4. Bell, Daniel A. *The China model. Political Meritocracy and the Limits of Democracy.* Princeton: Princeton Press University, 2016.
5. Jinping, Xi. *La Gobernación y Administración de China.* Pekín: Foreign Language Press, 2014, pág. 329.
6. Walker, Richard L. *China and the West: Cultural Collision Selected Documents.* New Haven: Yale University Far Eastern Publications, 1967, págs. 28-29.
7. Forum on China-África Cooperation. «Keynote speech by Chinese President Xi Jinping at opening ceremony of 8th FOCAC Ministerial

Conference». http://www.focac.org/eng/gdtp/202112/t20211202_10461080.htm

8. Marxist Internet Archive. «Zhou Enlai-Discurso en la Conferencia de Bandung». https://www.marxists.org/espanol/zhou/1955/abril-b.htm

9. Bregolat Obiols, Eugenio. *La segunda revolución china*. Barcelona: Destino, 2008.

10. Esteban Rodríguez, Mario. *China después de Tiananmen, nacionalismo y cambio político*. Barcelona: Edicions Bellaterra, 2007, pág. 46.

11. Ministerio de Relaciones Exteriores de la República Popular China. «Mantener la Tradición de Siempre Solidarizarnos y Construir Juntos la Comunidad de Futuro Compartido China-África en la Nueva Era». https://www.fmprc.gov.cn/esp/wjdt/zyjh/202111/t20211129_10458616.html

12. South China Morning Post, https://scmp.com/news/china/article/3183564/nato-leaders-say-china- systemic-challenge-euro-atlantic-security.

13. Blasco Ibáñez, Vicente. *China*. Madrid: Editorial Gadir, 2011, págs.163-169.

2. El sistema político chino

1. Linz, Juan J. «Totalitarian and Authoritarian Regime». En *Handbook of Political Science Vol. III*, editado por F.I. Greenstein y N.W. Polsby, 175-410. Reading: Cambridge University Press, 1975.

2. Feijóo, Claudio. *El gran sueño de China. Tecnosocialismo y capitalismo de Estado*. Madrid: Tecnos, 2021.

3. Dang, Yuanyue. South China Morning Post. «Abuse fears sparked by China´s proposed ´hurt feeling` legal change». https://www.scmp.com/news/china/politics/article/3233901/abuse-fears-sparked-chinas-proposed-hurt-feelings-legal-change.

4. Deng, Xiaoping. *Selected works of Deng Xiaoping, Vol. III*. Pekín: Foreign Language Press, 1984, págs. 166-191.

5. Tse-Tung, Mao. *Obras escogidas de Mao Tse-Tung, tomo III*. Pekín: Foreign Language Press, 1976, pág. 231.

6. Jia, Ruixue y Huijua Nie. «Decentralization, collusion, and coalmine». *The Review of Economics and Statistics. Vol. 19, Issue I* (1 de

marzo de 2017), págs. 105-118, https://direct.mit.edu/rest/article-abstract/99/1/105/58364/Decentralization-Collusion-and-Coal-Mine-Deaths?redirectedFrom=fulltext.

7. Martínez Bravo, Mónica, Miguel Gerard Padró, Nancy Qian y Yang Yao. «Political Reform in China: Elections, Public Goods and Income Distribution». *SSRN* (14 de julio de 2014). https://papers.ssrn.com/sol3/papers.cfm?abstract_id=2356343

8. Statista. National Bureau of Statistics of China. «Expenditure on public security in China from 2011 to 2021, by government level (in billion yuan). https://www.statista.com/statistics/1049749/china-public-security-spending-by-government-level/

9. Dui Hua Foundation. «Political Prisoner Database». https://duihua.org/resources/political-prisoners-database/.

10. Dickson, Bruce J. *The Dictator's Dilemma: The Chinese Communist Party´s Strategy for Survival*. Oxford: Oxford University Press, 2016.

11. Statista Research Department. «Trust level in Government in China 2016-2022». https://www.statista.com/statistics/1116013/china-trust-in-government-2020/

12. United Nations Human Rights. «OHCHR Assessment of human rights concerns in the Xinjiang Uyghur Autonomous Region, People's Republic of China». https://www.ohchr.org/sites/default/files/documents/countries/2022-08-31/22-08-31-final-assesment.pdf

13. Macrotrends. «Taiwan Life Expectancy 1950-2023». https://www.macrotrends.net/countries/TWN/taiwan/life-expectancy#:~:text=The%20current%20life%20expectancy%20for,a%200.21%25%20increase%20from%202019.

14. Election Study Center, National Chengchi University. «Taiwanese / Chinese Identity (06/1992-06/2023). https://esc.nccu.edu.tw/PageDoc/Detail?fid=7800&id=6961.

3. Economía y sociedad

1. Brelin, Shaun. «The "China model" and the global crisis: from Friedrich List to a Chinese mode of governance? *Royal Institute of International Affairs* 87 (6) (noviembre de 2011), págs. 1323-1343, https://www.researchgate.net/publication/261963464_The_'China_

model'_and_the_global_crisis_From_Friedrich_List_to_a_Chinese_mode_of_governance.

2. SIA (Semiconductor Industry Association). «Taking Stock of China's Semiconductor Industry». https://www.semiconductors.org/taking-stock-of-chinas-semiconductor-industry/

3. Esteban, Mario. «El tercer pleno: nueva hoja de ruta para China». *Real Instituto Elcano* (17 de diciembre de 2013), https://www.realinstitutoelcano.org/analisis/el-tercer-pleno-nueva-hoja-de-ruta-para-china/.

4. Tewari, Suranjana. BBC Mundo. «El creciente número de propietarios chinos que se niega a pagar sus hipotecas (y por qué causa alarma)». https://www.bbc.com/mundo/noticias-internacional-62493651.

5. Statista. «Inequality of income distribution based on the Gini coefficient in China from 2004 to 2021». https://www.statista.com/statistics/250400/inequality-of-income-distribution-in-china-based-on-the-gini-index/.

6. Dutta, Soumitra; Bruno Lanvin, Lorena Rivera León y Sacha Wunsch-Vincent, eds., *Global Innovation index 2022, What is the future of innovation-driven growth?* Ginebra: WIPO, 2022. https://www.wipo.int/edocs/pubdocs/en/wipo-pub-2000-2022-en-main-report-global-innovation-index-2022-15th-edition.pdf.

7. Han, Fei, Emilia Jurzyk, Wei Guo, Yun He y Nadia Rendak. «Assessing Macro-Financial Risks of Household Debt in China». *IMF Working Paper,* 2019 International Monetary Fund. WP/19/258 (2019), https://www.imf.org/-/media/Files/Publications/WP/2019/wpiea2019258-print-pdf.ashx. CEIC. «China Household Debt: % of GDP». https://www.ceicdata.com/en/indicator/china/household-debt--of-nominal-gdp.

8. Quin Pollard, Martin. Reuters. «Analysis: Record numbers of Chinese graduate enter worst job market in decades». https://www.reuters.com/world/china/record-numbers-chinese-graduates-enter-worst-job-market-decades-2022-06-23/.

9. CEIC. «China Surveyed Unemployment Rate: Urban: Average». https://www.ceicdata.com/en/china/surveyed-unemployment/cn-surveyed-unemployment-rate-urban-average.

10. Word Bank Group. «Country Climate and Development Report, East Asia Pacific» (octubre 2022). China Country Climate and Development Report (worldbank.org).

11. EOM. «Densidad de población en China». https://elordenmun
    dial.com/mapas-y-graficos/densidad-de-poblacion-china/?nab=0.
12. Ferrer, Juan Luis. *Información*. «Así es la "Revolución Verde" de
    China: reforesta el equivalente a Aragón cada año». https://www.
    informacion.es/medio-ambiente/2022/10/09/china-reverdece-
    planeta-reforesta-equivalente-66117793.html.
13. Banco Mundial. «Lifting 800 Million People Out of Poverty-New
    Report Looks at Lessons from China's Experience». https://www.
    worldbank.org/en/news/press-release/2022/04/01/lifting-800-million-
    people-out-of-poverty-new-report-looks-at-lessons-from-china-s-expe
    rience#:~:text=BEIJING%2C%20April%201%2C%202022%E2
    %80%94,by%20close%20to%20800%20million.
14. *Expansión* / Datosmacro.com. «China-Índice de Desarrollo Hu-
    mano». https://datosmacro.expansion.com/idh/china.
15. *Expansión* / Datosmacro.com. «China: Economía y Demografía».
    https://datosmacro.expansion.com/paises/china.
16. *Expansión* / Datosmacro.com. «China-Gasto público Salud».
    https://datosmacro.expansion.com/estado/gasto/salud/china.
17. *Expansión* / Datosmacro.com. «Gasto público Salud». https://
    datosmacro.expansion.com/estado/gasto/salud?anio=2019.
18. Index Mundi. «Tasas de mortalidad infantil». https://www.index
    mundi.com/g/g.aspx?c=ch&v=29&l=es.
19. *Expansión* / Datosmacro.com. «China-Esperanza de vida al nacer».
    https://datosmacro.expansion.com/demografia/esperanza-vida/china.
20. Naciones Unidas. Comisión Económica y Social para Asia-Pacífi
    co. «Sistema de atención de la salud de China». https://www.social
    protection-toolbox.org/es/practice/sistema-de-atencion-de-la-sa-
    lud-de-china.
21. Mintel. «Urban Chinese consumers today place more value in ha-
    ving an enjoyable job and enough time for personal life». https://
    www.mintel.com/press-centre/urban-chinese-consumers-today-pla-
    ce-more-value-in-having-an-enjoyable-job-and-enough-time-for-perso
    nal-life/.
22. Xinhua. «Gasto en educación en China aumenta 9,13% en 2021».
    https://spanish.news.cn/20221231/53b7e48a70fe40c1946f51105
    08e70bc/c.html
23. *The Times Higher Education*. «World University Rankings 2023».
    https://www.timeshighereducation.com/world-university-ran

kings/2023/world-ranking#!/page/2/length/25/sort_by/rank/
sort_order/asc/cols/stats

24. Deutsche Welle. «China prohíbe exámenes para niños de seis
    años». https://www.dw.com/es/china-reforma-su-sistema-educativo-
    y-proh%C3%ADbe-exámenes-para-niños-de-seis-años/a-59025826.

25. Plataforma de Servicios Gubernamentales de Recursos Humanos
    y Seguridad Social. http://si.12333.gov.cn/185033.jhtml?menu
    guide=1.

26. OECD, «Pensions at a Glance 2021: Country Profile-China».
    https://www.oecd.org/els/public-pensions/PAG2021-country-
    profile-China.pdf.

27. Liébana, María. *65ymás.com*. «Pensiones en China: un sistema ame-
    nazado por el envejecimiento de su población». https://
    www.65ymas.com/economia/economia-familiar/pensiones-en-china-
    sistema-amenazado-por-envejecimiento-su-poblacion_17076_102.html.

28. Moreno, Álvaro. *ElEconomista.es*. «China da el primer paso para
    privatizar sus pensiones y abre un mercado de 1,7 billones de
    dólares». https://www.eleconomista.es/empresas-finanzas/noti-
    cias/11734237/04/22/China-da-el-primer-paso-para-privatizar-sus-
    pensiones-y-abre-un-mercado-de-17-billones-de-dolares.html.

29. CGTN. «China lanza un plan de pensiones privado». https://
    espanol.cgtn.com/n/2022-04-26/GeIcIA/china-lanza-un-plan-de-
    pensiones-privado/index.html.

30. *Expansión* / Datosmacro.com. «China- Índice Global de la Brecha
    de Género». https://datosmacro.expansion.com/demografia/
    indice-brecha-genero-global/china.

31. Vasudeva, Ángélica. «"El feminismo es el último movimiento social
    en China", una conversación con Lü Pin». *Le Grand Continent* (2 de
    agosto de 2022), https://legrandcontinent.eu/es/2022/08/02/el-fe
    minismo-es-el-ultimo-movimiento-social-en-china-una-conversacion-
    con-lu-pin/.

32. Orfa. «Informe de Estados Unidos: las mujeres ejecutivas represen-
    tan solo el 5% de las empresas estatales no financieras de China».
    https://www.rfa.org/mandarin/yataibaodao/shehui/xx-11062020
    113248.html.

33. TeleSURtv.net. «China muestra avances en igualdad de género
    de 1949 a la fecha». https://www.telesurtv.net/news/china-igualdad-
    genero-mujeres-20190919-0022.html.

34. *Chinanews*. «¿Por qué aparecen las "mujeres sobrantes" en esta época?». https://www.chinanews.com.cn/cul/news/2009/11-26/1985588.shtml.
35. Shen, Yifei. «Feminism in China. An Analysis of Advocates, Debates and Strategies». *Friedrich-Ebert-Stiftung* (2016), pág. 2. https://library.fes.de/pdf-files/bueros/china/12947.pdf.
36. Áviles, María Fernanda. «El papel de la mujer en China y el surgimiento de movimientos feministas: desafíos y retos». *Programa Universitario de Estudios Asia y África,* UNAM. http://pueaa. unam.mx/blog/el-papel-actual-de-la-mujer-en-china-y-el-surgimiento-de-movimientos-feministas-desafios-y-retos.
37. Statista. «Gender distribution of enrolled postgraduate and undergraduate students in China in 2020, by type». https://www.statista.com/statistics/1324102/china-postgraduate-undergraduate-student-gender-distribution-by-type/.
38. Mizo, Robert. Toda Peace Institute. «Civil Society, Climate Action, and the State in China». https://toda.org/global-outlook/global-outlook/2022/civil-society-climate-action-and-the-state-in-china.html.
39. CNN. «At the heart of China's protests against zero-Covid, young people cry for freedom». https://edition.cnn.com/2022/11/28/china/china-protests-covid-political-freedom-intl-hnk-mic/index.html.
40. Harmel, Robert y Yao-Yuan Yeh. «China's Age Cohorts: Differences in Political Attitudes and Behavior». *Social Science Quarterly* (22 de julio de 2014), https://onlinelibrary.wiley.com/doi/full/10.1111/ssqu.12103?casa_token=QX88_pKUkj0AAAAA:a4NEaNJKZ4ILpLtA_B52qWE2SxBrsrXGCyq9pD69p6FZK-pmZl-qQQ40OdE5WOcyxiMincgwrKewipbGM.
41. Kim, Aimee, Paul McInerney, Thomas Rüdiger Smith y Naomi Yamakawa. «What makes Asia-Pacific's Generation Z different?». *McKinsey&Company* (junio 2020), http://dln.jaipuria.ac.in:8080/jspui/bitstream/123456789/6874/1/What-makes-asia-pacifics-generation-z-different.pdf.

4. Política exterior

1. Bown, Chad P y Yilin Wang. «Taiwan's outbound foreign investment, particularly in tech, continues to go to mainland China

despite strict controls». *PIIE* (27 de febrero de 2023), https://www.piie.com/research/piie-charts/taiwans-outbound-foreign-investment-particularly-tech-continues-go-mainland

2. Cheng, Evelyn. CNBC. «Taiwan's trade with China is far bigger than its trade with the U.S». https://www.cnbc.com/2022/08/05/taiwans-trade-with-china-is-far-bigger-than-its-trade-with-the-us.html

3. Kissinger, Henry. *La diplomacia*. México: Fondo de Cultura Económica, 2008, pág. 829.

4. Tse-Tung, Mao. *Obras escogidas de Mao Tse-Tung*, tomo IV. Pekín: Foreign Language Press, 1976, pág. 1477.

5. Chen, jian. *La China de Mao y la Guerra Fría*. Barcelona: Paidós, 2005, pág. 89

6. Marxists Internet Archive. «Discurso en la Conferencia de Bandung» (mayo de 2007). https://www.marxists.org/espanol/zhou/1955/abril-a.htm

7. Gonzalo, Jerónimo. *Política Exterior China Popular (1949-1973)*. Madrid: Editora Nacional, 1973.

8. Renmin Ribao, «Estrechar la mano del bandido es también para eliminarlo, al fin y al cabo» (1 de noviembre de 1978).

9. Garver, John W. *The Chinese Communist Party and the Collapse of Soviet Communism*. Cambridge: Cambridge University Press, *China Quarterly* 133, 1993, págs. 1-26.

10. Fishman, Ted C. The New York Times. «The Chinese Century», (14 de julio de 2004). Shenkar, Oded. *The Chinese Century. The Rising Chinese Economy and Its Impact on the Global Economy, the Balance of Power, and Your Job*. Jersey: FT Press, 2004.

11. Esteban, Mario. *China después de Tiananmen: nacionalismo y cambio político*. Barcelona: Edicions Bellaterra, 2007.

12. Gaspar, Carlos. «La nueva diplomacia china después del 11 S», en *Política Exterior de China. La diplomacia de una política emergente*, editado por Xulio Ríos, 52-54. Barcelona: Edicions Bellaterra, 2005.

13. Esteban, Mario. «La política exterior de Xi Jinping tras el 19 Congreso: China quiere un papel central en la escena global». *Real Instituto Elcano* (25 de octubre de 2017). https://www.realinstitutoelcano.org/analisis/la-politica-exterior-de-xi-jinping-tras-el-19o-congreso-china-quiere-un-papel-central-en-la-escena-global/. y Esteban, Mario. «La política de Xi Jinping tras el 20 congreso: ¿podrá mantener Xi su hoja de ruta?». *Real Instituto Elcano* (21 de octubre de 2022),

https://www.realinstitutoelcano.org/analisis/la-politica-exterior-de-xi-jinping-tras-el-20o-congreso-podra-mantener-xi-su-hoja-de-ruta/

14. Xi, Jinping. *La gobernación y administración de China*. Pekín: Foreign Language Press, 2014.

15. Statista. «China's share of global gross domestic product (GDP) adjusted for purchasing-power-parity (PPP) from 1980 to 2022 with forecasts until 2028». https://www.statista.com/statistics/270439/chinas-share-of-global-gross-domestic-product-gdp/

16. MERICS. «Fasten your seatbelts: How to manage China's economic coercion». https://merics.org/en/report/fasten-your-seatbelts-how-manage-chinas-economic-coercion

17. ChinaPower. «How Well-off is China´s Middle Class?». https://chinapower.csis.org/china-middle-class/ y Wikipedia. «Anexo. Países por multimillonarios». https://es.wikipedia.org/wiki/Anexo:Pa%C3%ADses_por_multimillonarios#cite_note-1

18. OEC. «China». https://oec.world/es/profile/country/chn#:˜:text=Exportaciones%20Anuales&text=En%202021%2C%20China%20export%C3%B3%20un,a%20%243%2C34B%20en%202021

19. OCDE. «Trade in Value Added». https://www.oecd.org/sti/ind/measuring-trade-in-value-added.htm#access

20. Global Development Policy Center. «Chinese Loans to África». https://www.bu.edu/gdp/2023/03/21/at-a-crossroads-chinese-development-finance-to-latin-america-and-the-caribbean-2022/, https://www.bu.edu/gdp/chinese-loans-to-africa-database/

21. Green Finance & Development Center. «China Belt and Road Initiative (BRI) Investment Report 2022». https://greenfdc.org/china-belt-and-road-initiative-bri-investment-report-2022/

22. VV. AA., *Banking on the Belt and Road: Insights from a new global dataset of 13,427 Chinese development projects*. Williamsburg: AidData at William & Mary, 2021.

23. Horn, Sebastian, Bradley C. parks, carmen M. Reinhart y Christoph Trebesch. «China as International Lender of Last Resort». *AIDDATA at William & Mary. Working Paper 124* (marzo de 2023). https://www.aiddata.org/publications/china-as-an-international-lender-of-last-resort

24. VV. AA. «Trends in world military expenditure, 2022». *SIPRI Fact Sheet* (abril de 2023). https://www.sipri.org/sites/default/files/2023-04/2304_fs_milex_2022.pdf

25. SIPRI for the media. «World military expenditure reaches new record high as European spending surges». https://www.sipri.org/media/press-release/2023/world-military-expenditure-reaches-new-record-high-european-spending-surges#:~:text=China's%20military%20expenditure%20has%20increased,1.1%20per%20cent%20of%20GDP

26. WDMMW. «People's Liberation Army Navy». https://www.wdmmw.org/peoples-liberation-army-navy-china.php

27. Nouwens, Meia. IISS. «China's Military Modernisation: Will the People's Liberation Army complete its reforms?» (7 de diciembre de 2022). https://www.iiss.org/online-analysis/online-analysis/2022/12/strategic-survey-2022-chinas-military-modernisation/

28. Fabri, Valerio. *Geopolítica info*. «Why are China's Arms Export Declining?» (13 de abril de 2023), https://www.geopolitica.info/china-arms-exports/

29. U.S. Department of Defense. «2022 Report on military and Security developments Involving the People's Republic of China» (29 de noviembre de 2022). https://www.defense.gov/News/Releases/Release/Article/3230516/2022-report-on-military-and-security-developments-involving-the-peoples-republi/

30. Project Syndicate. «Xi Jinping's Vision for Global Governance» (11 de julio de 2018). https://www.project-syndicate.org/commentary/xi-jinping-has-a-coherent-global-vision-by-kevin-rudd-2018-07

31. Esteban, Mario y Yue Lin, *China and International Norms: Evidence from the Belt and Road*. Oxfordshire: Routledge, 2023.

32. China Daily. «Full text of Beijing Declaration adopted by the Firs South-South Human Rights Forum». http://www.chinadaily.com.cn/a/201712/08/WS5a2aaa68a310eefe3e99ef85.html

33. Esteban, Mario. «La política exterior de Xi Jinping tras el 19 Congreso: China quiere un papel central en la escena global». *Real Instituto Elcano* (25 de octubre de 2017). https://www.realinstitutoelcano.org/analisis/la-politica-exterior-de-xi-jinping-tras-el-19o-congreso-china-quiere-un-papel-central-en-la-escena-global/

34. Simón, Luis y Carlota García Encina. «La nueva estrategia de seguridad de Estados Unidos». *Real Instituto Elcano* (8 de noviembre de 2022). https://www.realinstitutoelcano.org/analisis/la-nueva-estrategia-de-seguridad-nacional-de-eeuu/

35. Ng, Teddy. *South China Morning Post*, «China's "Two Sessions" 2023: Xi Jinping Directly Accuses US of Leading Western Suppres-

sion of China» (7 de marzo de 2023). https://www.scmp.com/news/china/diplomacy/article/3212627/chinas-two-sessions-2023-xi-jinping-directly-accuses-us-leading-western-suppression-china

36. Zhu, Julie, Kevin Huang, Yelin Mo y Roxane Liu. Reuters. «Exclusive: China to launch $40 billion state fund to boost chip industry» (5 de septiembre de 2023). https://www.reuters.com/technology/china-launch-new-40-bln-state-fund-boost-chip-industry-sources-say-2023-09-05/

37. Reuters. «US companies in China struggle wit raids, slow deal approvals, anti-espionage law» (29 de agosto de 2023), https://www.reuters.com/business/raids-exit-bans-us-companies-face-growing-hurdles-china-2023-08-29/

38. White & Case. «The law on foreign Relations of the People's Republic of china became effective on 1 July 2023». https://www.whitecase.com/insight-alert/law-foreign-relations-peoples-republic-china-became-effective-1-july-2023

39. Bown, Chad P. PIIE. «US-China Trade War Tariffs: An Up-to-Date Chart» (6 de abril de 2023), https://www.piie.com/research/piie-charts/us-china-trade-war-tariffs-date-chart

40. Abc.az. «Russia- China trade turnover grew by 40.6%». https://abc.az/en/news/123594/russia-china-trade-turnover-grew-by-406

41. CNN. «Russia and China unite for live-fire naval exercises in waters near Japan» (19 de diciembre de 2022), https://edition.cnn.com/2022/12/19/asia/russia-china-naval-exercises-intl-hnk-ml/index.html

42. *APnews*. «China, Russia, Iran hold joint naval drills in Gulf of Oman» (15 de marzo de 2023). https://apnews.com/article/china-russia-iran-naval-drills-oman-gulf-9f515b3246e4cbe0d98a35e8399dc177

43. Ray, Charles A. Foreign Policy Research Institute. «South Africa's Naval Exercises with China and Russia: Cause for Concern?» (13 de abril de 2023). https://www.fpri.org/article/2023/04/south-africas-naval-exercises-with-china-and-russia-cause-for-concern/

44. Neil, Thomas, «Xi Jinping's Power Grab Is Paying Off». *Foreign Policy* (5 de febrero de 2023). https://foreignpolicy.com/2023/02/05/xi-jinping-power-china-communist/

45. Hass, Ryan, «China's Response to American-led "Containment and Suppression"». *China Leadership Monitor* (1 de septiembre de 2023). https://www.prcleader.org/post/china-s-response-to-american-led-containment-and-suppression

46. Ministry of National Defence. «China´s National Defence in the New Era». http://eng.mod.gov.cn/xb/Publications/WhitePapers/4846452.html

47. Xi, Jinping. «New Asian Security Concept For New Progress in Security Cooperation» (21 de mayo de 2014). https://www.fmprc.gov.cn/mfa_eng/wjdt_665385/zyjh_665391/201405/t20140527_678163.html

48. The Iran Primer. «Iran & China: A Trade Lifeline» (5 de julio de 2023). https://iranprimer.usip.org/blog/2023/jun/28/iran-china-trade-lifeline

49. Ministerio de Asuntos Exteriores de la República Popular China. «Following the Vision of a Community with a Shared Future for Mankind and Bringing More Certainty to World Peace and Development» (30 de marzo de 2023). https://www.fmprc.gov.cn/eng/zxxx_662805/202303/t20230331_11052581.html

50. Ministerio de Asuntos Exteriores de la República Popular China. «Bolstering Confidence and Jointly Overcoming Difficulties to Build a Better World» (22 de septiembre de 2021). https://www.fmprc.gov.cn/mfa_eng/wjdt_665385/zyjh_665391/202109/t20210922_9580293.html

51. Xinhua. «Discurso principal de Xi Jinping en el Diálogo de alto nivel entre el Partido Comunista de China y los partidos políticos mundiales» (15 de marzo de 2023). http://www.81.cn/jwtt/16209573.html

52. Malamud, Carlos, José Juan Ruiz y Ernesto Talvi (eds.). «¿Por qué importa América Latina?» *Real Instituto Elcano*, Informe 32 (junio de 2023). https://media.realinstitutoelcano.org/wp-content/uploads/2023/07/informe-elcano-32-por-que-importa-america-latina.pdf

5. Escenarios de cambio político

1. Nathan, Andrew J. «The puzzle of the Chinese middle class». *Journal of Democracy*. Vol. 27, n.º 2 (2016): págs. 5-19.

2. Chen, Jie. *The Overseas Chinese Democrazy Movement: Assessing China's Only Open Political Opposition*. Camberley Surrey: Edward Elgar Publishing, 2019.

3. *The Guardian*. «US seen as bigger threat to democracy than Russian or China, global poll find» (5 de mayo de 2021). https://www.

theguardian.com/world/2021/may/05/us-threat-democracy-russia-china-global-poll

4. *The New York Times*. «To Foreign Policy Veteran, the Real Danger is at Home». https://www.nytimes.com/2023/07/01/us/politics/richard-haass-biden-trump-foreign-policy.html

5. Bell, Daniel A. *The China model: Political meritocracy and the limits of democracy*. Princeton: Princeton University Press, 2017.

6. Esteban, Mario. «China en América Latina: repercusiones para España». *Documento de Trabajo* 3 (2015). 2015: págs.64-65.

7. Feijóo González, Claudio. *El gran sueño de China. Tecno-socialismo y capitalismo de Estado*. Madrid: Tecnos, 2021.

8. CGTN. «China's Foreign Trade Volume Tops 42 Trillion Yuan in 2022» (14 de enero de 2023). https://news.cgtn.com/news/2023-01-13/China-s-foreign-trade-volume-tops-42-trillion-yuan-in-2022-1gynu28Ekfe/index.html

9. Tamames, Ramón. *El siglo de China. De Mao a primera potencia mundial*. Madrid: Planeta, 2007.

10. Muñoz, Marcelo. *La China del siglo XXI*. Madrid: Centro de Estudios Financieros, 2018.

11. Ceballos, Julio. *Observar el arroz crecer: Cómo habitar un mundo liderado por China*. Barcelona: Ariel, 2023.

12. Esteban, Mario. «Implicaciones económicas y geopolíticas del parón demográfico en China». *Real Instituto Elcano* (31 de enero de 2023). https://media.realinstitutoelcano.org/wp-content/uploads/2023/01/implicaciones-economicas-y-geopoliticas-del-paron-demografico-en-china-mario-esteban-real-instituto-elcano.pdf

13. Dutta, Soumitra; Bruno Lanvin, Lorena Rivera León y Sacha Wunsch-Vincent, eds., *Global Innovation index 2022, What is the future of innovation-driven growth?* Ginebra: WIPO, 2022. https://www.wipo.int/edocs/pubdocs/en/wipo-pub-2000-2022-en-main-report-global-innovation-index-2022-15th-edition.pdf.

14. Rühlig, Tim Nicholas «Transatlantic tech de-risking from China: 1 The case of technical standard-setting» (15 de junio de 2023), https://www.uscc.gov/sites/default/files/2023-06/Tim_Ruhlig_Testimony.pdf

15. OECD.Stat. Gross domestic product (GDP): GDP per capita, USD, current prices and PPPs. https://stats.oecd.org/index.aspx?queryid=61433

16. Goswami, Namrata. «Space and Technology Were Big Winners at China´s 20th Party Congress», *The Diplomat* (23 de noviembre de 2022). https://thediplomat.com/2022/11/space-and-technolo-gy-were-big-winners-at-chinas-20th-party-congress/

17. Hannas, William C. y Didi Kirsten Tatlow (eds.). *China's Quest for Foreign Technology: Beyond Espionage*. Oxfordshire: Routledge, 2020.

18. Gao, Jie. «Report is more specific about China's AI ambitions, including military applications», *The Diplomat* (5 de noviembre de 2022). https://thediplomat.com/2022/11/what-the-20th-party-congress-report-tells-us-about-chinas-ai-ambitions

19. United Nations. «Popular Division. World Population Prospects 2022». https://population.un.org/wpp/Download/Standard/Population/

20. National Bureau of Statistics of China. «National Economy Withstood Pressure and Reached a New Level in 2022». http://www.stats.gov.cn/english/PressRelease/202301/t20230117_1892094.html

21. Hawkins, Amy. *The Guardian*. «China's fertility rate dropped to record low in 2022, estimates show» (16 de agosto de 2023). https://www.theguardian.com/world/2023/aug/16/china-fertility-rate-dropped-to-record-low-in-2022-estimates-show#:~:text=China%27s%20fertility%20rate%20dropped%20to%20an%20estima-ted%20record%20low%20of,million%2C%20according%20to%20government%20data

22. Dong, Haoyue y Li Ting. «Ha llegado el momento histórico del crecimiento poblacional negativo, ¿cómo debe responder el país?» (18 de enero de 2023), https://mp.weixin.qq.com/s/Yan2BHSDxR-SZQa06KgbNxw

23. China Daily. «Many Chinese regions give incentives for birth of 2nd child» (5 de septiembre de 2018). https://www.chinadaily.com.cn/a/201809/05/WS5b8f3127a310add14f389aef.html

24. *The Economist*. «Will China's economy ever overtake America's?» (6 de septiembre de 2022). https://www.economist.com/the-economist-explains/2022/09/06/will-chinas-economy-ever-overtake-americas

25. Nippon.com. «Japan's Productivity Ranks Lowest Among G7 Nations for 50 Straight Years» (6 de enero de 2022). https://www.nippon.com/en/japan-data/h01196/

26. Statista. «Public pension expenditure in China as a share of GDP from 2012 to 2022» (26 de junio de 2022). https://www.statista.com/statistics/251650/public-pension-expenditure-in-china-as-a-share-of-gdp/

27. Pomfret, John y Matt Pottinger. «Xi Jinping says he is preparing China for war», *Foreign Affairs* (29 de marzo de 2023). https://www.foreignaffairs.com/united-states/xi-jinping-says-he-preparing-china-war

28. «National Security Strategy», *The White House* (12 de octubre de 2022). https://www.whitehouse.gov/wp-content/uploads/2022/10/Biden-Harris-Administrations-National-Security-Strategy-10.2022.pdf

29. Allison, Graham. *Destined for war. Can America and China escape Thucydides´s trap?* Boston: Mariner Books, 2017.

30. Foot, Rosemary. «Remembering the past to secure the present: Versailles legacies in a resurgent China». *International Affairs* 95.1 (2019): págs. 143-160.

31. Mearsheimer, John. «The Inevitable Rivalry. America, China, and the Tragedy of Great-Powers Politics». *Foreign Affairs* (noviembre-diciembre de 2021). https://www.foreignaffairs.com/articles/china/2021-10-19/inevitable-rivalry-cold-war

32. *The Guardian*. «China a 'ticking time bomb' because of economic woes, Joe Biden warns» (11 de agosto de 2023), https://www.theguardian.com/us-news/2023/aug/11/joe-biden-china-economy-time-bomb

33. Dixon, Hugo. Reuters. «Economic war with China would be MAD», (15 de febrero de 2023). https://www.reuters.com/breakingviews/economic-war-with-china-would-be-mad-2023-02-14/

34. The Washington Post. «In U.S.-China competition, nuclear war is a real danger» (17 de abril de 2023), https://www.washingtonpost.com/opinions/2023/04/17/china-united-states-nuclear-conflict-danger/

35. Cancian, Mark F., Matthew Cancian y Eric Heginbotham. «The fist battle of the next war». *CSIC International Security Program* (enero de 2023). https://csis-website-prod.s3.amazonaws.com/s3fs-public/publication/230109_Cancian_FirstBattle_NextWar.pdf?VersionId=WdEUwJYWIySMPIr3ivhFolxC_gZQuSOQ

36. Fravel, M. Taylor. «The Myth of Chinese Diversionary War». *Foreign Affairs* (15 de septiembre de 2023). https://www.foreignaffairs.com/china/myth-chinese-diversionary-war

37. Esteban, Mario. «Lecciones de la cuarta crisis del estrecho de Taiwán». *Real Instituto Elcano* (11 de agosto de 2022). https://www.realinstitutoelcano.org/comentarios/lecciones-de-la-cuarta-crisis-del-estrecho-de-taiwan/

Bibliografía

1. El peso de la historia

CHENG, A. *Historia del pensamiento chino*. Barcelona: Ediciones Bellaterra, 2017.

ESTEBAN, M. *China después de Tian'anmen*. Barcelona: Ediciones Bellaterra, 2007.

SCHIROKAUER, C. *Breve historia de la civilización china*. Barcelona: Ediciones Bellaterra, 2011.

2. El sistema político chino

ANTOLÍN, J. B. *Viaje al centro. El XIX Congreso del Partido Comunista Chino*. Barcelona: Ediciones Bellaterra, 2017.

RÍOS, X. y FLORES, E. *La metamorfosis del comunismo en China*. Pontevedra: Ágora K, 2021.

VV. AA. *Taiwán, la perla del Indo-Pacífico*. Vanguardia Dossier 87 (2023).

3. Economía y sociedad

AMBRÓS, I. *La cara oculta de China: una década en el corazón del gigante asiático*. Barcelona: Diéresis, 2021.

DOÑATE, M. *Bajo la mirada del dragón despierto*. Barcelona: Plaza & Janés, 2022.

HERRERA, R. y CHIMING, L. *¿Es China capitalista?* Barcelona: El viejo topo, 2021.

4. Política exterior

ECONOMY, E. C. *El mundo según China*. Madrid: La esfera de los libros, 2023.

KISSINGER, H. *China*. Barcelona: Debate, 2017.

SENDAGORTA, F. *Estrategias de poder: China, Estados Unidos y Europa en la era de la gran rivalidad*. Barcelona: Editorial Deusto, 2020.

5. Hacia dónde va China

CEBALLOS, J. *Observar el arroz crecer. Cómo habitar un mundo liderado por China*. Barcelona: Ariel, 2023.

FEIJÓO, C. *El gran sueño de China. Tecnosocialismo y capitalismo de Estado*. Madrid: Tecnos, 2021.

SIERRA, A. y MARRADES, Á. *La nueva era de China: la gran estrategia para el sueño de Xi Jinping*. Valencia: Fuera de Ruta, 2022.

Índice onomástico